台灣心理學會 教育心理學組 ◆ 合著

我可以學得更好

學習診斷與輔導手冊

（中年級版）

作者簡介

柯華葳（第一篇導論、單元二）

　　學歷：美國華盛頓大學教育心理學博士

　　經歷：中央大學學習與教學研究所特聘教授

方金雅（單元一）

　　學歷：高雄師範大學教育研究所博士

　　現職：高雄師範大學師資培育中心副教授

劉佩雲（單元三）

　　學歷：政治大學教育學博士

　　現職：東華大學課程設計與潛能開發學系副教授

陳鳳如（單元四）

　　學歷：台灣師範大學教育心理與輔導所博士

　　現職：新竹教育大學台灣語言與語文教育研究所副教授

柯志恩（單元五）

　　學歷：美國南加州大學教育心理哲學博士

　　現職：淡江大學教育心理與諮商研究所教授

吳昭容（第二篇導論、單元八、九）

　　學歷：台灣大學心理學博士

　　現職：台灣師範大學教育心理與輔導學系教授

我可以
學得更好（中年級版）

吳信輝（單元六）
　　學歷：美國威斯康辛大學教育心理學博士候選人
　　現職：亞洲大學心理學系講師

張景媛（第三篇導論、單元七、單元十）
　　學歷：台灣師範大學教育心理與輔導所博士
　　現職：慈濟大學教育研究所教授

陳萩卿（單元七）
　　學歷：台灣師範大學教育心理與輔導所博士

李麗君（單元十）
　　學歷：美國南加州大學教育心理哲學博士
　　現職：淡江大學教育心理與諮商研究所副教授

（依篇單元排序）

鍾　序

　　《我可以學得更好（中年級版）》這本書，繼去年以小學低年級學習內容為主的版本上市之後，不到一年的工夫也即將問世。如此認真的態度和工作效率，不得不讓我佩服這一群教育心理學學者的精神和毅力，同時更對於他們為台灣教育的愛心和奉獻，致上由衷的敬意。

　　我們都知道，孩子的天性是好學的，只要給他們適當的輔導，他們會有能力學得更好。然而，為什麼有些孩子學得不好？那是因為，學習是有策略和方法的。如果沒有配合孩子的認知發展，找到他們學習歷程的關鍵和困難，很容易讓他們因為學習上的挫折而失去興趣和動力，更遑論學得更好。身為父母和老師的我們，與其去怪罪教育政策或教材編撰，不如來了解孩子的學習歷程和可能碰到的學習問題，從旁輔導孩子掌握學習內容，以及幫助他們解決學習上的困難，進而走出挫折，有信心學得更好。這本書深具學理和實務的價值，言簡意賅的提供小學中年級國語文、數學及動機學習的輔導策略和實例，相信絕對是父母和老師幫助孩子學習的良方及利器。

　　兩年前，在台灣心理學會教育心理學組的聚會中，許多學者許願並決志為台灣的教育做一些事，寫書雖是宏願中的一個想法，但卻是一個可以匯聚眾人智慧和力量最具體的出發。於是，經過數次的小組討論，決定從小學的學科教學輔導著手，並很快的將寫書的架構和體例底定，大家也開始分頭工作。我雖是這構想的始作俑者之一，也參加了最初的幾次討論，但在分工後發現自己無用武之地，而未再參與他們的討論及寫書計畫，因為自己既缺乏小學的學科知識，也沒有小學的教學經驗，只好從旁默默的祝福他們。由於在第

一本書中沒有貢獻，他們「罰」我為這本《我可以學得更好（中年
級版）》一書寫序。坦白說，我對受罰甘之如飴，不僅為了補償自
己脫隊之過，更想藉此表達自己的一點心願，期望明年的《我可以
學得更好（高年級版）》出書後，能有機會重新加入夥伴們的行列，
繼續共同撰寫一些如小學的學習心理、行為和情緒輔導、教師教學
心理，或父母教養心理等相關系列的書，讓教育心理學界為「台灣，
加油！」展現出言行合一的成績。

鍾思嘉

2005 年 7 月 3 日

國立政治大學心理學系

目 次

我可以
　　學得更好（中年級版）

第一篇

國語文學習

第一篇「國語文學習」導論／柯華葳

 閱讀與寫作

　　閱讀是一件必須學習的事。不是每一個講「國語」的人都可以讀中文，也不是同年級的每一個人都有一樣的閱讀能力與程度。讀的能力是學習與累積來的。學者把閱讀視為一個工具，一個學習的工具。既然「工欲善其事，必先利其器」，我們必須把閱讀中各種分項技能學好（圖一），以透過閱讀學習各種學科。上一冊《我可以學得更好（低年級版）》我們介紹了注音符號、字詞、故事體的學習，本冊則繼續語詞的學習（單元一），加上以摘要為重點的理解策略介紹（單元二）。此外，我們加強不同文體的賞析（單元三）。

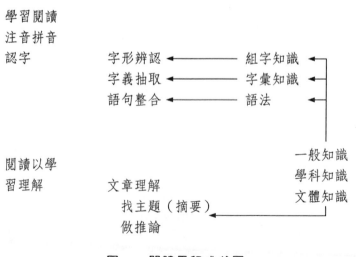

圖一　閱讀歷程成分圖

因為，研究上很清楚的指出：

㈠詞彙多寡與閱讀理解能力有關，詞彙多者閱讀理解成績越好（Cunningham, Stanovich & Wilson, 1990）。

㈡閱讀時，閱讀能力高的讀者比閱讀能力低的讀者不依賴上下文（Cunningham, Stanovich & Wilson, 1990）。

㈢閱讀指導，特別是閱讀理解策略要很清楚且直接的讓學生學到（Rand Reading Study Group, 2002）。

㈣所閱讀的文體要有變化，包括故事體、說明文體、詩體等。當學生了解不同文體有不同理解上的要求時，有助於閱讀的理解（Meyer, Brandt & Bluth, 1980）。

除了閱讀，本冊還介紹寫作。讀和寫，實乃一體兩面。

有老師反映許多學生可以說且說得不錯，但是寫不出什麼東西。雖然老師鼓勵他「我手寫我口」，怎麼說就直接記錄所說的，學生就是無法下筆。有人責怪中文字實在是難，寫的時候耗費許多時間在「機械」作業上，影響腦順暢的運作。學生常常一下筆，腦袋就塞住了。這似乎有點道理。只是根據我們早期的研究（柯華葳、陳俊文，1992），當仔細檢查寫得不好的文章與作者的語言表達時，這兩者間是有關係的。例如說與作的詞彙一樣不豐富、語法與邏輯一樣有問題。只因為說話時雙方面對面，有表情、身體和手勢輔助，即使說者說得不甚清楚，聽者還是懂。國字結構與筆畫或許對小學生寫作有影響，但重要的是腦中要有物。因此單元四說明如何找材料。有材料後，如何整理「腦中之物」將之鋪陳，則在單元五中說明。

讀與寫之間的橋樑是賞析。透過閱讀學會欣賞詞、語法、邏輯，寫作時會更有感覺。因此本冊單元三介紹大家如何欣賞記敘文和詩，賞析重點和讀與寫的重點是相同的（圖二）。敬請參考並不吝指教。

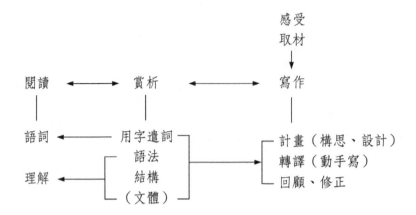

圖二　讀、寫與賞析關係圖

參考資料

柯華葳、陳俊文（1992）。小學生說話與作文產品之比較。國立中正大學學報，**3**（1），27-46。

Cunningham, A., Stanovich, K., & Wilson, M. (1990). Cognitive variation in adult college students differing in reading abilities. In T. Carr & B. Levy (eds.). *Reading and its development: Component skills apaproached.* NY: Academic Press.

Meyer, B., Brandt, D., & Bluth, G. (1980). Use of top-level structure in text: Key for reading comprehension of 9th grade students. *Reading Research Quarterly, 16,* 72-103.

Rand Reading Study Group (2002). *Reading for understanding: Toward an R & D program in reading comprehension.* Santa Monica, CA.: RAND.

語詞學習

方金雅

在中文的閱讀裡，語詞可說是理解句子的最小意義單位。學習語詞應包含三個部分：「構詞能力」、「詞義能力」和「詞用能力」，這三種能力都具備，在理解與使用語詞時才能正確與靈活的使用（方金雅，2001）。

所謂「構詞能力」，應包含組成語詞的能力和判斷語詞結構的能力，也就是造詞和斷詞的能力。前者「造詞能力」，可視為主動性的構詞能力，由於中文詞彙並無獨立的空間單位，在閱讀時讀者需判斷語詞的結構以理解其意義；後者「斷詞能力」可視為被動性的構詞能力。

其次是「詞義能力」，此係指能對語詞意義有正確的理解。「語詞」的含義，除了「字面意義」或「言內之意」外，還牽涉到「言外之意」，包括由字面意義引申出來的「比喻意義」，以及與談話的「語言情境」有關的「人際意義」與「情緒意義」。所以要正確理解詞義，不單是從字面意義加以理解，也應從不同角度或是上下文的語境中加以理解。

而「詞用能力」則是要理解語詞「搭配」的用法，也就是「搭配」係指一個語詞和別的語詞結合使用的情形，如「遙遙」和「領先」經常結合使用，「爭先」和「恐後」經常結合使用。搭配得當，形成綜合性的語感，可提高語詞使用的能力。

個案一：建華

　　建華是個國小三年級的小學生，平日活潑好動，最喜歡的休閒活動就是往球場跑，最近考試成績不太好，老師在聯絡簿上請媽媽幫忙看功課，建華也覺得，國語習作越來越難寫，像是照樣造句，以前都是照著原來格子是幾個字，在空格的地方，他也就填寫幾個字就可以了，但最近常常被老師劃掉重寫；而且，有些課本教過的生字語詞，放在閱讀的短文或是考題中，他就是看不懂，像是上次有一篇講到「到這個國家旅遊，覺得很新鮮。」這是什麼意思呀？難道這個國家可以吃嗎？怎麼會新鮮呢？建華覺得好奇怪，真不知道這是什麼意思吧！

綜合問題診斷

➡ 建華進行照樣造句時，係以填寫的字數做為填答的考量，顯示其可能還未具有以「意義」做為斷詞的依據，而是以字數做為斷詞的依據。事實上，中文的語詞是由字組成的，有時單字成詞，有時則是四到六個字才是一個完整的詞，如成語通常為四個字，最常見的語詞一般是兩個字，但由於在中文字的書寫呈現時，詞與詞之間並沒有空白出現，完全要由閱讀者進行斷詞的工作，因此，在認讀語詞與句子時，首要工作便是斷詞，在正確的斷詞後才能了解詞義與詞用。

➡ 除了斷詞之外，建華對語詞的屬性，如動詞、名詞、形容詞的分辨可能也沒有概念，所以無法根據句子的結構填寫適合的語詞。

➡ 建華對「新鮮」一詞的理解，是從語詞的本義出發，僅能了解「**字面意義**」或「**言內之意**」，對於語詞「**言外之意**」，包括由字面意義引申出來的「**比喻意義**」以及與談話「**語言情境**」有關的「**人際意義**」與「**情緒意義**」，尚無法理解。

問題分析 1-1：缺乏語詞結構的概念

建華用字數來填寫照樣造句的空格，可見其斷詞的方式係以字數為依據，但實際上在閱讀時，對文章的理解，語詞才是句子的最小意義單位，而字則是書寫的基本單位，故認字雖然是閱讀的最基本能力，但對文意的理解則是從語詞開始。

因此，首先需了解建華對書寫文字與唸讀文字的概念，了解其斷詞能力；其次，強化建華造詞能力，使其能依據表達與溝通的需要，造出有意義的語詞。

策略 1-1-1　口頭唸讀

老師和家長可請孩子用「口頭唸讀」的方式，將文章唸過，檢視孩子唸讀時是如何斷句的，有沒有在意義完整的地方稍做停頓，有沒有能力從句子中將語詞判斷出來，如果孩子無法自己稍做停頓，師長必須先示範讀一次，並就孩子唸讀錯誤的地方，再予以範讀，並針對語詞的意義加以說明。

【練習 1-1-1】讀讀看

說明：以下提供幾個句子，從簡單句到複合句，試著讓孩子唸讀不同句子裡的語詞。同時也做口頭唸讀的分析：

句子一：我喜歡看書。

🐟 正確的唸法

第一種唸法：我　喜歡　看書。（這是最完整簡潔的唸法）

第二種唸法：我　喜歡　看　書。

　　　　　　基本上，也可算是正確的，但除非是強調看書這件事的語氣用法，否則應向孩子說明「看書」是個語詞，可以一次唸讀出來。

🐟 錯誤的唸法

　　所謂錯誤的唸法，可能有許多種，在此不一一列出，判別的標準是孩子在口頭唸讀時，沒有在意義完整的地方稍做停頓，沒辦法判斷出有意義的語詞，舉例如下：

第一種唸法：我喜　歡看書。

第二種唸法：我喜　歡看　書。

🐟 可以再加強的唸法

　　有時，孩子可能已停頓在意義完整的地方，但沒有分出所有必要的語詞，例如：我　喜歡看書。

　　這種唸法尚未將「喜歡」、「看書」分別出來，可鼓勵孩子再重唸看看，看看有沒有可以再分開的地方。若孩子不能一下子就分出來，請給予鼓勵即可，不一定非分出來不可，因為這種唸法只是不夠完整，並不算錯誤。

句子二：媽媽喜歡看故事書、打球和聽音樂。

🐟 正確的唸法

第一種唸法：媽媽　喜歡　看故事書、打球　和　聽音樂。

　　　　　　（這是最完整簡潔的唸法）

【練習 1-1-1】（續）

第二種唸法：媽媽　喜歡　看　故事書、打球　和　聽　音樂。

　　由於「看故事書」、「聽音樂」兩個詞都是三個字以上，再分析為動詞＋受詞，這種分法也可算是正確的。

第三種唸法：媽媽　喜歡　看　故事　書、打　球　和　聽音樂。

　　這種唸讀方式，孩子將「看故事書」再斷詞為「看　故事書」、「打球」再斷詞為「打　球」，可說是將語詞做更細部的分析，但在口語的唸讀方面，其意義並不太大，且易造成語義的連結較鬆散，可建議孩子結合語詞，採用較簡潔的第一種唸法。

🐟 錯誤的唸法（無法一一列出，舉例如下）

第一種唸法：媽媽喜　歡看　故　事書、打　球和聽音　樂。

第二種唸法：媽　媽喜歡　看故　事書、打　球　和　聽音樂。

🐟 可以再加強的唸法

例如：媽媽喜歡　看故事書、打球　和　聽音樂。

　　這種唸法只是尚未將「媽媽」、「喜歡」分別出來，其他都是正確的，師長可鼓勵孩子再重唸看看，看看有沒有可以再分開的地方。若孩子無法做到，則直接點出「媽媽喜歡」這四個字，請其就這四個字再分開，分好後，再放回原句重新讀一次。

句子三：因為下豪雨的關係，能見度不好，飛機在天空中盤旋很久才降落。

🐟 正確的唸法

第一種唸法：因為　下豪雨　的　關係，能見度　不好，飛機　在　天空中　盤旋　很久　才　降落。

　　　　　　（這是最完整簡潔的唸法）

【練習 1-1-1】（續）

第二種唸法：因為　下　豪雨　的　關係，能見度　不好，飛機　在　天空
　　　　　　　中　盤旋　很　久　才　降落。

　　這一次將「下豪雨」這個詞再分讀為「下　豪雨」，且在「很久」這個
詞再分讀為「很　久」，基本上在語義的理解方面也是正確的。

❀錯誤的唸法（無法一一列出，舉例如下）

第一種唸法：因　為下　豪　雨的　關係，能見　度不好，飛機　在天　空
　　　　　　　中盤　旋很久　才降落。

第二種唸法：因為　下豪　雨的　關係，能見　度不　好，飛機　在天　空
　　　　　　　中　盤旋　很久　才降落。

　　孩子主要以字數為依據，每二個字做停頓，讀來語詞破碎不堪。

❀可以再加強的唸法

例如：因為下豪雨的關係，能見度不好，飛機在　天空中盤旋很久　才降落。

　　仍然是正確的，但語詞分得不夠清楚，可以鼓勵孩子再細心分出語詞，
以了解其語詞概念的清晰程度。

策略 1-1-2 用筆圈語詞

在國小一般教學裡，老師教完課文的生字後，都會圈語詞，這項工作大都由老師擔任。由於建華對語詞是以數個字為單位，並不以意義為單位，故可讓孩子自己圈語詞。剛開始，不必拿全課課文，可先用教科書中單元與單元之間綜合練習中的例句來圈語詞，或是由師長寫一個簡短的句子，請孩子拿筆圈語詞，由簡入繁，等到簡單句可以圈得很好，再漸漸加深，讓孩子練習圈選複合句的語詞。

策略 1-1-3 判斷是不是語詞

策略 1-1-1 和 1-1-2 都是從句子中分析出語詞，是從正面的條件來判斷是否為語詞，我們也可提出不是語詞的文字，讓孩子判斷是不是語詞。不過，在對孩子說明時，可試著不要用「語詞」兩個字，而用「合不合理」來表達。例如練習 1-1-1 的句子二：「**媽媽喜歡看故事書、打球和聽音樂。**」

教師提出下列語詞：「**媽媽**」、「**故事書**」、「**音樂**」、「**聽音樂**」、「**媽喜**」、「**看故**」、「**事書**」、「**球和**」、「**和聽**」等詞，讓孩子判斷這樣合不合理，若回答認為是合理的，請孩子解釋語詞的意義；若孩子認為是不合理的，請孩子說明為何不合理，再從孩子的回答中幫孩子歸納、澄請語詞的概念。

策略 1-1-4 增進構詞的能力

語詞的結構有許多的變化，親師可利用連連看的遊戲，讓孩子在連線過程中，邊連邊說明為什麼要如此連，從猜想到操作，進而體會語詞的結構。最基本的像是疊字詞的結構，舉例如下：

亮	笑	濕	淚	香	圓	綠	暖	胖	樂

咪咪	汪汪	晶晶	陶陶	答答	嘟嘟	烘烘	噴噴	滾滾	油油

策略 1-1-5　顛顛倒倒、意思顛倒

　　中文語詞的組合相當具有靈活性，師長可找出組合很靈活的語詞，如：「上台」、「台上」；「巴結」、「結巴」；「情感」、「感情」；「動感」、「感動」等詞，讓孩子體會語詞組合的變化，並進而細微判斷語義的分別。

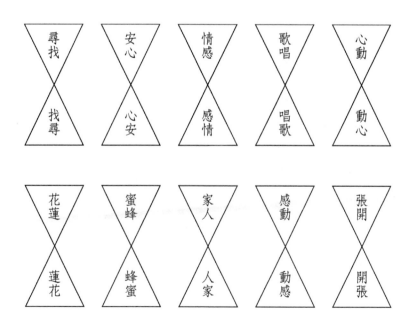

問題分析 1-2：對語詞的詞性認識不清

　　建華除了對語詞是表達意義的單位沒有概念外，對於語詞的詞性也沒有深刻的認識，在填寫照樣造句中，詞性是重要的考量之一，對中年級的學生來說，基本的詞性如：名詞、動詞、形容詞都應該認識得很清楚了，因此，需加強基本詞性的認識。

策略 1-2-1　詞分類遊戲

　　教師或家長需先準備各類的語詞卡（最小可以用名片大小的紙張製作，不宜再更小），先取出兩種詞性供孩子分類，例如名詞和動詞，由於孩子不具詞性的概念，不一定會馬上分名詞與動詞，這時家長應讓孩子「慢慢來」，可引導孩子找出「有關動作的語詞」、「人物的語詞」、「動物的語詞」，在把玩語詞間對詞義有更充分的認識，如果孩子是依筆劃多與筆劃少來分類，師長可鼓勵孩子說明分類的理由，給予讚賞後，再請孩子練習另一種分類方式，直到引導其分出詞性的概念。

策略 1-2-2　玩遊戲「人名＋地方＋動作」

　　孩子對名詞、動詞有概念後，即可玩這個遊戲以加深其對詞義的理解與運用。玩法如下：請小朋友寫出人名、地名與動作各十個，分別放入三個小盒子。進行時，每次在三個盒子各抽出一張，但每次抽出的順序可做調整，請孩子依詞義和詞性練習排列成一句話，如：「媽媽在客廳吃飯」、「弟弟在教室寫字」、「大雄在浴室打棒球」，若出現不合理的句子，會引起孩子大笑，則請孩子再重抽其中一張紙條，直至句子語詞的意義合理為止，藉此可說明合理使用語詞的必要性。接著，可加長句子，替換「人名＋動詞＋形容詞＋名詞」等，讓孩子了解語詞的用法，如「美麗的」「小姐」的搭配是合適的，而「英俊的」「小姐」的搭配則是不恰當的。

問題分析 1-3：僅理解語詞的字面意義

一般而言，對語詞的意義要有正確的理解，不能單從字面意義加以解釋，更應從上下文的語境中加以理解。例如同音多義詞「好看」的意義，可以是：「好看的顏色」就是字面意義，而「給你好看」則有語言情境的情緒意義，要具有此種辨別語詞意義的能力，需要具有理解由字面意義引申出來的「比喻意義」以及體會談話的「言語情境」。

策略 1-3-1　提供文本供學生辨別

同音詞的詞義理解，需要有上下文的語境供學生揣摩思考，尤其是比喻意義及人際情緒的理解，更需要上下文的引導，因此提供適切的文本供學生比較是必要的，例如：〈我的媽媽〉這篇文章：

我的媽媽是老師，

教我讀書又寫字，

如果寫得太難看，

媽媽就給「顏色」看。

我的媽媽愛漂亮，

出門穿衣配「顏色」，

紅橙黃綠藍靛紫，

彩虹仙女下凡來。

再舉〈家有寶貝〉這篇文章：

猜一猜，
誰是我家的「寶貝」？

走起路來搖搖擺擺，
說起話來咿咿呀呀，
吃起飯來呼嚕呼嚕，
爺爺疼、
奶奶愛、
爸爸抱，
全家都很「寶貝」他。

猜一猜，
他是誰？
喔──就是我弟弟啦！

　　像這樣的短文，提供同音詞在不同的上下文中所代表的意義也不相同，能做為師長協助孩子學習語詞的引導，可進一步參考「語詞加油站」的網站 http://cat.npttc.edu.tw/~word。

【練習 1-3-1】誰不是一家人？

說明：下面每題都有四個句子，每個句子「 」中的語詞都是一樣的，其中有三個句子「 」中的意思比較接近，有一個比較不一樣，不是同一家人，請把它選出來。

1. 【 】①「不管」如何，我們都要成功。
   ②媽媽說：「不管」是誰按門鈴，都不可以開門。
   ③「不管」妹妹在哪裡，我們都要找到她。
   ④老師已經「不管」我們了！

2. 【 】①我來到新地方，「東西」南北都分不清楚了。
   ②桌子上的「東西」是誰的？
   ③因為「東西」很少，所以房間看起來很乾淨。
   ④請你把這些「東西」帶走。

3. 【 】①秋天到了，很多人都「感冒」了！
   ②因為小明「感冒」，所以今天請假一天。
   ③小明這樣做，大家都很「感冒」。
   ④多穿一件衣服吧！不然容易「感冒」。

4. 【 】①武松打的老虎，是「母老虎」嗎？
   ②小美是我們班的「母老虎」，大家都怕她。
   ③小老虎正躺在「母老虎」身邊喝奶。
   ④「母老虎」教小老虎跑步。

5. 【 】①媽媽在房裡放了一個漂亮的「花瓶」。
   ②「花瓶」裡插滿了花，傳來陣陣的香味。
   ③那女演員不過是個「花瓶」，一點演技都沒有。
   ④我打破了一個「花瓶」，真是不小心。

6. 【 】①車子要從山洞底下「通過」時，要記得開車燈。
   ②妹妹「通過」了測驗，她很高興。
   ③會議已經表決「通過」，大家都同意這樣做。
   ④老師已「通過」我們的意見了。

策略 1-3-2　增進解讀詞義的能力

　　除了提供文本供學生理解同音詞外，進一步可配上同義詞一起練習，我們可提供相近的同義詞，來引發學生理解同音詞的其他意涵，增進解讀詞義的能力。例如：「顏色」的字面意義就是「色彩」，但其引申意義則是「臉色」或「懲罰」，親師可提供一些句子，讓孩子從中比較兩個語詞的意義並做填詞的練習。

【練習 1-3-2】填詞遊戲

說明：每題都有兩個詞，意思很相近，請你選一個合適的語詞填進去。

- 哥哥說謊，爸爸給哥哥一點「　　　　」看看。（顏色、色彩）
- 媽媽要到醫院去「　　　　」，我就要當姊姊了。（生產、製造）
- 妹妹在搖籃裡睡得很「　　　」。（安詳、安息）
- 娟娟雖然跌倒了，可是她很「　　　」，並沒有哭。（堅固、堅強）
- 使用瓦斯爐如果不小心的話，是會有很嚴重的「　　　　」。（後果、成果）
- 小寶的功課寫了「　　　　」，再不寫快一點，就要挨罵了！（很久、長久）
- 媽媽說，要吃早餐才會有「　　　」！（活力、活潑）
- 「　　　　」你想要長高一點，就要注重飲食習慣並且多運動。（如果、結果）
- 妹妹的臉又白又嫩，可愛極了！是我們家的「　　　」。（珠寶、寶貝）
- 時間到了，我「　　」就會叫你起床，請安心睡覺。（本來、自然）
- 要依自己的力量大小來「　　　」，不要勉強。（幫助、助人）
- 弟弟很調皮，爸爸要好好「　　　」他。（收拾、整理）

個案二：娟娟

　　娟娟是個乖巧懂事的孩子，上課時專心聽講，回家也會按時寫功課，對每一種學習都還算有興趣。但是，她卻不喜歡作文課，也不喜歡寫日記，就舉她最近寫的這篇日記來說吧！她是這樣寫的：

> 　　從這個禮拜起，每天放學後我都要到學校對面的兒童美語補習班上學。因為媽媽說：「在日常生活中常常會利用英語，現在的孩子一定要知道國語和英語這兩種語言，才能在社會上生存。如果語文能力不足，會是未來找工作的障礙。」
>
> 　　我聆聽到媽媽這段話，知道媽媽是為我好才要我去補習的。
>
> 〔改編自梁榮基（1997）〕

綜合問題診斷

▶娟娟在這篇日記用詞方面有許多不甚恰當的地方，例如：放學後到學校對面的兒童美語補習班「上學」、在日常生活中常常會「利用」英語、現在的孩子一定要「知道」國語和英語這兩種語言、我「聆聽」到媽媽這段話。由此可以發現娟娟欠缺的是詞用的能力，她在理解語詞「搭配」與「意思」這兩方面的能力較不足。

問題分析1-4：不能恰當使用語詞

　　在這篇日記中，娟娟不能恰當使用語詞，其用法不佳的情形舉例說明如下：

　　• 每天放學後我都要到學校對面的兒童美語補習班**上學**

　　在這個句子裡，娟娟用「上學」來表示到兒童美語補習班「上課」，可說是「不能分辨」詞義的內涵所致。雖然學校和補習班都是學習的場所，但因補習班只是修讀某些課程，並不是廣泛的學習，因此，到補習班學知識或技能，應稱為「上課」，所以這句話應修正為：「每天放學後我都要到學校對面的兒童美語補習班**上課**」。

　　• 在日常生活中常常會**利用**英語

　　這句話顯示娟娟可能是因「詞彙不足」導致用詞有限，不能視上下文的語境選擇合適的語詞來表達，可修正為：「在日常生活中常常會**使用**英語」。

　　• 現在的孩子一定要**知道**國語和英語這兩種語言，才能在社會上生存

　　在這裡，對某種語言的認知與了解，應該說「懂得」而不是「知道」，是未能仔細分辨詞義，特別是在用詞的搭配方面。所以這句話應修正為：「現在的孩子一定要**懂得**國語和英語這兩種語言，才能在社會上生存」。

　　• 我**聆聽**到媽媽這段話

　　在這個句子裡，娟娟引述媽媽說過的話後，使用「聆聽」一詞，可說是在用詞時不能仔細辨別詞義的內涵，不能貼切的表達。就「聆聽」一詞，應是指在較安靜或特定的情境下，專心一致的聽，甚至包含了做筆記，也就是「聆聽」與「聽」有其差別，其意涵有分別，所以這句話應修正為：「我**聽**到媽媽這段話」。

策略 1-4-1　辨別近義詞

對於詞義辨別不清，可先從近義詞加以學習。例如：「很」、「十分」、「非常」等詞，或是「使用」、「運用」、「利用」等詞，有些近義詞幾乎是相同的意義，例如第一組語詞，但有些近義詞則僅是相近，其中仍有細微差別，在運用語詞時仍需進一步辨別（搭配練習 1-4-1.1 及練習 1-4-1.2）。

策略 1-4-2　大量閱讀

針對詞彙不足的孩子，需要增加孩子詞彙的量，因此師長應提供大量聽、讀、想的機會，親師可多造句給孩子觀摩與學習，在觀摩中漸漸對語詞的使用及搭配有所體會。

不管是繪本、童話、小說，都可鼓勵孩子多多閱讀。每天花上十五分鐘的時間閱讀，一個星期即可讀完一至二本書，一年累積下來可有近百本書，積少成多是大量閱讀的最佳作法。

策略 1-4-3　體會與運用

同時，我們也可了解，針對語詞背誦解釋是機械性的理解詞義，由於未能深知其義，對詞用的部分助益不大，而語詞要使用才會有意義與生命力，因此，強迫孩子背詞語解釋並不理想，重要的是對詞義有所體會、運用語詞收放自如。

【練習 1-4-1.1】誰最不一樣？

說明：下面每題都有四個句子，每個句子「　」中的語詞都不相同，但有三個句子「　」中的意思比較接近，有一個的意思最不一樣，請把它選出來。

1.【　】①爸爸出門去「辦理」證件，下午就會回來。

　　②有客人要來，媽媽正在「打掃」房間。

　　③每個人要「整理」自己的東西，不要亂放。

　　④如果「清理」好了，就可以休息。

2.【　】①遲到了就可以不必打掃，這是什麼「道理」？

　　②妹妹很會說「理由」。

　　③姊姊很會「整理」房間。

　　④哥哥遲到的「原因」是鬧鐘壞掉了。

3.【　】①小明找我出去玩，「可是」我卻想睡覺。

　　②我想要採樹上的水果，「不過」我太矮了。

　　③我和小花約好去逛街，「但是」她卻遲到了。

　　④造成這樣的結果，「不是」我原來的意思。

4.【　】①時間寶貴，老師教我們要充分「利用」時間。

　　②爸爸很會「運用」自己的腦筋。

　　③數學是需要「應用」在生活中的。

　　④這麼晚了，爸爸「應該」快回來了吧！

5.【　】①這條路太窄，汽車不能「通過」。

　　②剛剛我們「經過」海底隧道。

　　③我坐著船從橋下「過去」。

　　④姊姊有許多「過期」的雜誌。

6.【　】①爸爸非常「疼惜」這些書，任何人都不可以動。

　　②這些紙都浪費了，真「可惜」呀！

　　③爺爺很「珍惜」和家人相處的時間。

　　④我們要好好「愛惜」花草樹木。

【練習 1-4-1.2】誰最速配？

說明：每題都有兩個詞，意思很相近，請你圈一個最合適的語詞。

1. 明天就要去戶外教學了，今晚要好好（整理、辦理）行李。

2. 老師規定我們：不准有任何（原因、理由），每個人都需要寫回家功課。

3. 爸爸很會（使用、運用）自己的腦筋。

4. 有些事是很公平的，（例如、舉例）每個人一天都是二十四小時。

5. 把課本學到的知識（運用、利用）在生活中，才是真正的讀書。

6. 有些小朋友不會好好（疼惜、愛惜）文具，常常丟掉鉛筆、橡皮擦。

個案三：建榮

　　建榮升上四年級後，在學校造句或是寫作文時，常被老師批改得滿江紅，最常見是寫錯字，像是「收穫」寫成「收獲」、「影響」寫成「影響」、「發脾氣」寫成「發皮氣」、「不知不覺」寫成「不自不覺」、「依依不捨」寫成「一一不捨」、「亂七八糟」寫成「亂七八遭」。至於他造出的句子，常常被老師圈起來，像是：「我最討厭隔壁班的人了，真是不知見笑！」、「去年夏天，風颱來的時候，車子都被淹水了。」、「過年的時候，我們家的人客很多。」另外，作文時他寫出這樣的句子：「爺爺在鄉下種了很多水果，這些水果都沒有農藥，所以他都是自食其果。」、「叔叔結婚的時候，妹妹打扮得花枝招展，大家都說她很漂亮！」、「放學回家的時候，大家一起說八八」、「我的妹妹粉可愛，笑起來有二個酒窩。」也被老師圈了出來，要求他再寫一次。

綜合問題診斷

➡建榮在語詞的唸讀與寫字方面不很清楚，常會出現錯字與別字。

➡建榮國台語不分，書寫時不能將閩南語的語詞轉換為國語的語詞；同時受到傳播媒體、網路常用語的影響，有濫用流行語及網路用語的現象。

➡建榮對成語的理解不夠清楚，有似懂非懂、亂用及誤用的情形。

問題分析 1-5：書寫錯字與別字

　　建榮在書寫語詞時，常會出現錯字與別字，可能導因於平時讀書不求甚解，識字又不夠清楚，從寫出的錯別字來看，同音字占極大的比率，其次是同部首的混淆字。

策略 1-5-1　解釋詞義

　　要能正確了解詞義才能書寫出正確的語詞，因此充分解釋詞義、理解詞義是書寫出正確語詞的必要條件。如：「依依不捨」是指緊靠一起、留戀再三而捨不得分離的情形，並不是一個一個捨不得分離的意思，因此，要用「依依」而不是「一一」。

策略 1-5-2　分析詞義與用字

　　有些字意思極為相近，但在用法上有固定的用法，如「穫」與「獲」，必須讓學生熟記才不會寫出錯別字，老師與家長需要整理容易混淆誤寫的字，將易混淆的字放在一起比較，從字義、部首或詞義等加強說明與提醒，再配合練習與實作，如此可收立竿見影之效。例如：這一趟環島之旅，我們的（收穫、收獲）特別多。

　　「收穫」原指的是農作物的收成，所以要用「禾」部部首的「穫」字，後來「收穫」又可引申為工作或學習中有所得，因此在本題中，指環島之旅中學習有所得，所以要用「收穫」這個詞。至於「獲」主要為「得到」之意，如「獲得」，二者有別，不可混用。

　　像這樣的語詞文字解析，可進一步連結至教育部國語推行委員會網站http://www.edu.tw/EDU_WEB/Web/MANDR/home.htm下載語文遊戲如：「辨似字遊戲初級版」、「辨似字遊戲進階版」來練習。

【練習 1-5-2】超級比一比

說明：中文字詞同音的很多，但它們代表的意思可能很不一樣喔！請你來選
　　　出正確的語詞。

- 這一趟環島之旅，我們的（收穫、收獲）特別多。

- 過新年時，家家戶戶貼著（吉詳、吉祥）如意的春聯。

- 小嬰兒在搖籃裡睡得很（安詳、安祥）。

- 哥哥看不清楚黑板上的字，原來他得到（進士、近視）了！

- 高雄（劫運、捷運）正在動工，大家都很期待早日完工。

- 弟弟十分好動且（頑皮、玩皮），跑來跑去，一刻也靜不下來。

- 老師帶我們到（工廠、工場）去參觀，增加我們的見聞。

- 媽媽用心照顧全家人的食衣住行，非常（辛苦、心苦）。

問題分析 1-6：過度使用傳播媒體的語詞

　　建榮國台語不分，未能察覺閩南語的語詞轉換為國語語詞時，字序可能是顛倒的，如「颱風」與「風颱」，或是其意義已改變，其次，有些語詞不宜直接使用，如「見笑」。

　　建榮受到傳播媒體、網路常用語的影響，有濫用流行語及網路用語的現象，如：「886」（拜拜囉）、「520」（我愛你）等數字流行用語，或是用「粉」來代替「很」、「非常」的意思，「就醬子！」代替「就這樣子！」（許斐絢，1999）。

　　針對這樣的問題，輔導的重點要擺在字詞本身，親師應主動蒐集孩子可能犯的錯誤，多加留意與提醒，因為要改進這樣的錯誤，並不是一朝一夕就可以糾正過來，但若能「寓教於樂」，成效會較佳。

策略 1-6-1　尊重與包容

　　流行詞彙、網路語言的產生，本就反映了語言變遷、新詞新意的趨勢，此乃語言發展的自然現象，親師應尊重這樣的現象，可主動補充現今流行的詞彙與用法，主動探討這些語詞產生的原因、來源、可能的語義及文化意涵，並說明不適合放在書寫文字的理由，畢竟，語言不只是語言，同時也是文化的呈現。這樣的尊重與包容，不僅提供孩子學習新語詞的機會，同時也拉近師生（親子）間的距離。

策略 1-6-2　腦力激盪

在尊重與包容的前提下，我們仍應提醒學生語言轉換及書面不宜的看法。為了讓學生能多認識，可在班級裡進行分組，讓各組以腦力激盪的方式討論閩南語語詞轉換為國語語詞（或討論網路用語與流行用語）時，字序倒置的情形，如：「颱風」與「風颱」、「客人」與「人客」，或由外文翻譯的現象，「拖拉庫」是「貨車」、「哦伊細」是「好吃」的意思，這種「寓教於樂」的討論方式，可激發學生學習動機，具有「防患於未然」的效果。

問題分析 1-7：誤用成語

建榮對成語的理解不夠清楚，故產生似懂非懂、亂用成語的情形，最主要的原因應是對成語的典故理解得不夠透徹，知之不詳。可能僅知成語的「字面意義」或「言內之意」，對於成語引申的「比喻意義」以及使用時與「語言情境」有關的「人際意義」與「情緒意義」，無法完整理解並適當使用，即缺乏語詞感受力，才會產生亂用成語的現象。

策略 1-7-1　每日一語

每天說一則成語的典故，讓學習成語從故事出發，不但保持學習的樂趣，同時也能較深入探討成語的詞義，同時，除了成語的字面意義外，其引申含義與人際意義也應一併說明，讓孩子對該成語有一致的概念。說完成語典故後，應讓孩子用成語來造句，檢視其理解的正確度。

策略 1-7-2　成語接龍

當學生已學會較多的成語後，可讓學生進行成語接龍的遊戲，由於高年級才是學習成語較熟稔的階段，因此對中年級學生而言，成語接龍難度較高，建議採用分組的方式較容易實施。例如：老師先準備幾個類別，如：「數字類」、「修身類」、「風景類」、「孝順類」、「勇敢類」等，抽到什麼類，便讓每組想一個此類的成語，並做造句練習，直到想不出來（或輪流過幾回後）再換另一類別（吳敏而，1998）。

參考資料

方金雅（2001）。多向度詞彙評量與教學之研究。國立高雄師範大
　　學教育研究所博士論文。

吳敏而（1998）。語文學習百分百。台北：天衛文化。

梁榮基（1997）。點線面的詞彙教學。載於世界華語文教育學會主
　　編，第五屆世界華語文教學研討會論文集教學應用組（下冊），
　　79-88。台北：世界華語文教育學會。

許斐絢（1999）。從報章流行語看目前台灣的文化現象。華文世界，
　　93，73-78。

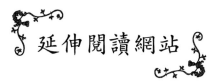

延伸閱讀網站

語詞加油站。http://cat.npttc.edu.tw/~word。

教育部國語推行委員會。http://www.edu.tw/EDU_WEB/Web/MANDR/
home.htm。

我可以
學得更好（中年級版）

摘要策略

柯華葳

　　檢視閱讀是否理解有四個方法：(1)摘要；(2)自己問自己問題；(3)澄清不清楚處；(4)預測後果（Palincsar & Brown, 1984）（請參閱《我可以學得更好（低年級版）》閱讀理解，第 77 頁故事骨架，第 82 頁預測）。其中，摘要指的是由所讀的文章中找出重點，並組織重點成為這一篇文章的大意。因此摘要的能力常被做為測試「理解」能力的方法之一。摘要的考察不一定要透過紙和筆；課堂上，當學生讀完一段文章後，老師就可以請學生說說大意。一般來說，學生摘要、說大意的表現並不好（柯華葳觀察）。本單元將介紹幫助學生摘要、做出大意的一些方法。本文中「摘要」和「大意」交互使用，不特別區分。

　　摘要，顧名思義是摘取「要」的。什麼是「要」的？當然是指「重要」的。換句話說，摘要時要分辨重要的與不重要的，把「要」的摘錄下來。一般來說，摘要有下列五個步驟：

㈠刪去重複處。

㈡除去不重要的部分。

㈢以較高層詞彙統整一般詞彙，如以「家畜」代替狗、貓和兔子。

㈣選出主題句。

㈤若作者沒有明顯寫出主題句，讀者自己寫（Brown & Day, 1983）。

個案：葳葳㈠

老師要葳葳讀〈小馬長大了〉一文。課文如下：

小馬長大了

　　老馬生了一匹小馬。小馬長大了，老馬就請黑狗來教小馬跑路，請山羊來教小馬爬山，請黃牛來教小馬拉車。小馬都學會了，一樣一樣的做給老馬看。老馬看了很高興，親親小馬的臉說：「你學會了這麼多的本事，真是一個好孩子。」小馬說：「從明天起，我就可以幫著媽媽做事，也可以自己出去做事了。」（出處：國編本國小國語第二冊第十六課）

很快的，葳葳讀完課文。

老師：「說一說，這一課在說些什麼？」

葳葳把課文題目說了一次：「小馬長大了。」

老師：「很好，那你說一下，〈小馬長大了〉在說些什麼？」

葳葳再從第一句讀起。

綜合問題診斷

➡葳葳可能沒有足夠時間「靜下來」想想讀到的是什麼。

➡葳葳逐字閱讀，卻未讀到內容。

問題分析 2-1：「靜下來」才能摘要

在教室裡，老師通常要求學生讀完一段或一課即要說出大意，這不是一件容易的事。學習是需要「沉澱」的。讀完後，孩子腦中聲音及所讀內容迴腸盪漾，需要時間整理所讀到的東西。若給學生幾分鐘靜下來想一想，有助其吸收及整理所讀到的文章。

策略 2-1-1　給孩子安靜片刻的時間

在此誠摯的建議老師和父母，要求孩子說大意前，給他幾分鐘安靜下來。別急著問，更不要追問。問得越多，孩子腦中越混亂，越答不上來。

問題分析 2-2：逐字閱讀卻未讀到內容

　　這也是一個可能，就像我們說的「有口無心」一樣。葳葳是讀出了文中每一個字，但腦中似乎沒有同時處理所讀到的字。團體中的大聲朗讀會增長學生讀字不讀內容的現象。全班學生拿起課本比誰讀得大聲，自然沒法注意到所讀的內容。

　　為了了解學生是否讀到內容，老師和父母可以「口頭」提問，檢視一下學生讀了些什麼。

策略 2-2-1　辨認事件順序

　　例如問：依順序，小馬學習的本事有哪些？

　　答：老馬請黑狗來教小馬跑路，請山羊來教小馬爬山，請黃牛來教小馬拉車。

策略 2-2-2　辨認因果關係

　　例如問：為什麼小馬說：「從明天起，我就可以幫著媽媽做事，也可以自己出去做事了」？

　　答：因為他學了許多本事。

策略 2-2-3　了解上下文中的字彙

　　例如：「本事」一詞

　　老馬說：「你學會了這麼多的本事，真是一個好孩子。」老馬說的「本事」是什麼意思？

　　答：由上文看，「本事」代表小馬所學會的事，如跑路、爬山、拉車。

個案：葳葳㈡

當葳葳再從第一句讀起，老師適時打住說：「不是從頭讀起，而是用自己的話簡單的說。」葳葳放下書，看著老師，不知道要做什麼。

為了幫助葳葳說出大意，老師請他在文章中找出最重要的一句話，葳葳翻開書又花了點時間，說：「我覺得每一句都重要。」

老師再問：「那有沒有比較不重要的一句，你先挑出來。」

葳葳再看一次課文，而後搖搖頭。

老師請他坐下。

綜合問題診斷

葳葳不知道什麼是「簡單的說」。對他來說，要說所讀的故事就是要把讀到的全部都說出來。要「簡單的說」並不是一件簡單的事，這當中包括在閱讀後要有：(1)刪去重複處；(2)除去不重要部分等的思考動作。換句話說，要「簡單的說」，學生要能分辨什麼是「重複」的，怎樣才算是「重要」。葳葳不明白什麼是「簡單的說」，因為葳葳不知道「重要的」指的是什麼。

▶葳葳不知道怎麼判斷重要和不重要的句子。段落中所謂重要的句子指的是某一句若被刪掉，整段的意思就改變了或不全了。

▶句子中也常有重複的語詞，葳葳也需要分析文章中的語詞，進而篩選出「重要」的語詞，其中包括分辨出主要語詞和修飾語詞。

▶葳葳對刪除不重要的語句或語詞沒有信心。

問題分析 2-3：如何找出重要的句子

　　作者有時為了清楚表達其意念，會在文章中反覆的說明和敘述。因此摘要第一步是刪掉重複的，可以使找重要句子的工作變得輕省些。

策略 2-3-1　刪除重複句

　　摘要目的在於以精簡的文字寫出大意，刪除重複句是一必要動作。重複句指當兩句相比，這兩句所表達的意思很接近，意思接近就是重複。讀者要決定留哪一句，刪去哪一句，使所呈現摘要說出必須說的但是不囉唆。

例一：**大白紋弄蝶在每一朵花上吸蜜時間很短，總是匆忙的在花叢裡敏捷穿梭。**（摘自國民小學道德與健康——道德第十二冊，以下簡稱《道德 12》）

說明：兩句描述一樣的現象。因此留「大白紋弄蝶總是匆忙的在花叢裡敏捷穿梭。」

例二：**從修補道路坑洞到建造橋樑，只要有人告知哪些地方需要興建橋樑，就由基本組員騎機車到各地勘查，……。每逢週日，成員們便三五成群，自動到達目的地，分工合作、各就各位，盡力完成當天的工作目標，雖然辛苦，但很有成就。**（摘自國民小學道德與健康——道德第十一冊，以下簡稱《道德 11》）

說明：第二句可以代表第一句，而第二句前、後半段可以省略。因

此留下來的是「分工合作、各就各位，盡力完成當天的工作目標」。

例三：老馬看了很高興，親親小馬的臉說：「你學會了這麼多的本事，真是一個好孩子。」小馬說：「從明天起，我就可以幫著媽媽做事，也可以自己出去做事了。」

說明：這兩句都在敘述小馬學會了本事，但是觀點不同。一是由老馬觀點讚美小馬有本事；一是由小馬觀點表明自己有能力。留下任何一句都可以。為使之更精簡，請見策略 2-6-1。

例四：老馬就請黑狗來教小馬跑路，請山羊來教小馬爬山。

說明：這兩句句型相同，意思不盡相同，因此要做替代的動作。請見策略 2-4-2。

【練習 2-3-1】刪除重複句

說明：刪去你認為意思和另一句意思相近的句子並說明你刪去它的理由。

我們同心協力造橋，並不是想出鋒頭。只要是對社會有益、能造福人類的事，就該去做。人在做，天在看，人生是不必計較什麼的。（《道德 11》）

刪去理由：

參考答案：

- 留「只要是對社會有益、能造福人類的事，就該去做。」
- 刪去理由：因為「不想出鋒頭」和「不必計較什麼的」都在說明「該做就去做」。

問題分析 2-4：如何找出重要語詞

　　找出重要語詞指的是這一個語詞若不出現會影響一句或一段的意思。讀者需要從前後文所提供的線索來思考哪一個語詞比較重要甚至是最重要。

策略 2-4-1　分辨重要／不重要語詞

　　讓學生拿出筆圈出他認為必須留下來才能代表全句或全段意思的語詞。

　　例如：

> 　　為了捕捉到紋路細膩的蝴蝶畫面，蔡百峻常要想盡辦法和蝴蝶保持在五十公分以內的距離，在拍攝時，還得要暫時停止呼吸，才能順利的完成工作。（《道德 12》）

　　說明：

㈠這一段主要在描述為蝴蝶攝影，因此「捕捉」和「蝴蝶畫面」是重要的語詞。

㈡為了拍「好的」蝴蝶畫面，要近距離進行，因此「保持在五十公分以內的距離」也重要。

㈢太接近蝴蝶，擔心蝴蝶飛走，因此「暫時停止呼吸」也重要。

　　這一段的重要語詞為劃線部分：

　　為了<u>捕捉</u>到紋路細膩的蝴蝶<u>畫面</u>，蔡百峻常要想盡辦法和蝴蝶<u>保持在五十公分以內的距離</u>，在拍攝時，還得<u>要暫時停止呼吸</u>，才能順利的<u>完成工作</u>。

【練習 2-4-1】找出重要語詞

說明：㈠用筆在下面一段文章中劃出你認為重要的語詞。

　　　　㈡說明它們為什麼是重要語詞。

　　此外，他還練就一身爬樹的好本領，目的是要拍攝喜歡在高處棲息的蝴蝶。而且為了空出雙手操作相機，雙腳必須夾緊樹幹，通常在拍完之後，全身早已痠麻難當。（《道德 12》）

說明：

㈠

㈡

㈢

㈣

※參考答案：

　　此外，他還練就一身爬樹的好本領，目的是要<u>拍攝喜歡在高處棲息的蝴蝶</u>。而且為了<u>空出雙手操作相機</u>，<u>雙腳必須夾緊樹幹</u>，通常在拍完之後，全身早已痠麻難當。

※提醒：老師和父母翻開任何一本書或一篇文章，都可以從中取一段做為找出重要語詞的練習。

策略 2-4-2　替代

　　刪去重複句，找出重要語詞後，另一個精簡文章的方法是以「較高層詞彙」統整「一般詞彙」，在此我們稱為「替代」。例如以集合名詞，如家具、交通工具、水果、動物、職務、植物等來代替一般名詞，如此可以使摘要更為精簡。

例一：**老馬就請黑狗來教小馬跑路，請山羊來教小馬爬山，請黃牛來教小馬拉車。**

說明：黑狗、山羊、黃牛都是「動物」。但他們對小馬來說是「師傅」。

　　　跑路、爬山、拉車是一技之長，學會了就是「本事」。

這一句可以寫成：老馬請師傅教小馬本事。

例二：**年齡從八、九歲的兒童到九十多歲的老太太、老先生。其中包括企業人士、軍公教人員、主婦和小販等，每人每期捐款以一百元為限。（《道德 11》）**

說明：年齡從八、九歲的兒童到九十多歲的老先生、老太太說的是「不論年齡」。軍公教人員、主婦和小販等是「各行各業」。

這一句可以改寫成：「不論年齡、各行各業，每人每期捐款以一百元為限。」

我們也可以以「一句」替代「多個句子」。

　　當一段落中多句的描述是把一個現象的一部分、一部分加以分開說明時，我們可以嘗試以一個句子整合這一段落。（注意：這幾個句子的意思不重複。若重複，則要進行刪除動作。請見策略 2-3-1 刪除重複句。）

例三：他發現一個紫色的蛹慢慢裂開，從裂縫中爬出一隻濕漉漉、
　　　皺巴巴，樣子實在不怎麼討人喜歡的蟲。不久，蟲身上的囊
　　　袋像扇子般展開，露出了色彩鮮麗的翅膀，然後輕輕一搧，
　　　毫不遲疑的向陽光飛去。（《道德 12》）

說明：這三句都在描述蛹的成長與變化，因此以「他看到蛹化作蝴
　　　蝶的過程」來替代。

【練習 2-4-2】語詞替代

說明：請說一說下列名詞包括哪些東西，舉出所有你知道的東西。

家具：_____ _____ _____ _____ _____ _____

所以這些東西通稱「家具」。

交通工具：_____ _____ _____ _____ _____

所以這些東西通稱「交通工具」。

水果：_____ _____ _____ _____ _____

所以這些東西通稱「　　　　」。

動物：_____ _____ _____ _____ _____

所以這些東西通稱「　　　　」。

樹木：_____ _____ _____ _____ _____

所以這些東西通稱「　　　　」。

植物：_____ _____ _____ _____ _____

所以這些東西通稱「　　　　」。

寵物：_____ _____ _____ _____ _____

所以這些東西通稱「　　　　」。

問題分析 2-5：信心不足

　　葳葳不知道自己所挑選的字詞或是句子是否重要，信心不足。不論是刪去重複或是挑選重要語詞和句子，都需要假以時日，透過大量閱讀，以及常常做上述策略的練習，學生才能慢慢體會到「摘要」的「要」在哪裡。請父母和老師以口頭示範，幫助學生逐步練習。例如進行策略 2-4-1 時，可以讓學生挑出語詞（讓學生自行決定語詞單位），並且問自己，這幾個字詞在上下文中是不是一定要留下來。

策略 2-5-1　成人口頭示範

　　例（本例模擬父母的示範）：

　　早春時節，有時高山的積雪已融化流入溪裡，溪水變得寒冷刺骨。（《道德 12》）

　　父母可以說：「我認為『寒冷刺骨』可以描述前一句話，此外，它是由四個字組成，比前一句少一些字，可以留下來。但只有它說不清楚是什麼東西寒冷刺骨，必須加上『溪水』兩個字，因此在這一句重要的是溪水寒冷刺骨。這一句就變成『早春時節，溪水變得**寒冷刺骨。**』」

　　當然，這樣的判斷是很主觀的，但是重點在於能說出「為什麼」所選的是重要的、在意思上是可以包括那些被刪掉的語詞或句子。當學生熟悉自問自答，他就會習慣做刪除重複、找出重要語詞、句子的「思考」了。

個案：葳葳㈢

葳葳在老師輔導下，把〈小馬長大了〉這一篇文章的重複處與需要替代處都做好了。文章經過整理變成：

> 老馬生了一匹小馬。小馬長大了，老馬請師傅教小馬本事。小馬都學會了，說：「從明天起，我就可以幫著媽媽做事，也可以自己出去做事了。」

老師讚美葳葳跟小馬一樣學到了摘要的本事：「非常好，葳葳，現在最後一步，想辦法把這幾句話用一句話說出來。試試看。」

葳葳皺眉頭了，做了這麼多事還沒寫出摘要嘛？

綜合問題診斷

就像本單元一開始說的，摘要旨在去蕪存菁，取出要的部分。葳葳在刪去重複句並做完替代的動作後所剩下的句子，在老師眼中還可以再精簡，因此老師要求他以一句話說出來。

▶葳葳有困難再精簡，找出主題句。

▶葳葳有困難用自己的話說（寫）出摘要（或主題句）。

問題分析 2-6：如何找出主題句

　　在刪去重複句並做完替代動作後，讀者要找出一句最能代表段落或全文大意的句子，此句稱為主題句。找主題句時，要在沒有重複的句子中分辨重要句／不重要句。

策略 2-6-1　分辨重要句／不重要句

　　分辨句子重要不重要，要問自己：「沒有這一句，會不會影響這一段的意思？」

　　例：葳葳㈢中整理出來的段落。

　　說明：

㈠「老馬生了一匹小馬。」這一句不重要，它是背景交代，而且文中已經帶出小馬和媽媽的關係。刪去這一句不影響全文意思。

㈡「**老馬請師傅教小馬本事。小馬都學會了。**」所要表達的是小馬有能力了。

㈢有能力的小馬就可以幫媽媽做事，也可以出去做事。

㈣因此，本文的主題句是：「**小馬長大，學會了本事，可以幫媽媽做事，也可以出去做事。**」

問題分析 2-7：如何寫出主題句

　　在策略 2-4-2 中我們已經以「替代」做了改寫的動作，但是策略 2-4-2 中所改寫的摘要多數仍出自原文。在原文中不容易找到明顯的主題句時，讀者就必須自己寫。此外，直接合併由文中整理出來的語詞和重要句子，讀起來可能不順暢，因此讀者必須自己重寫一次。

策略 2-7-1　寫出大意（主題句）

　　寫出大意或主題句，除必須配合上述各項策略外，還要：

㈠找出文中特定觀點。

㈡回頭再看重要語詞，找出特定字詞或片語配合特定觀點。

㈢以一句話自己寫。

　　例：

　　為了捕捉到紋路細膩的蝴蝶畫面，蔡百峻常要想盡辦法和蝴蝶保持在五十公分以內的距離，在拍攝時，還得要暫時停止呼吸，才能順利的完成工作。

　　此外，他還練就一身爬樹的好本領，目的是要拍攝喜歡在高處棲息的蝴蝶。而且為了空出雙手操作相機，雙腳必須夾緊樹幹，通常在拍完之後，全身早已痠麻難當。

　　早春時節，有時高山的積雪已融化流入溪裡，溪水變得寒冷刺骨，但是如果碰到蝴蝶在溪邊喝水，為了捕捉鏡頭，蔡百峻也得泡在冰冷的溪水裡。（《道德 12》）

說明：

第一步：找出觀點。

　　三段都在描述補捉蝴蝶身影的過程，因為「拍攝」、「捕捉鏡頭」在三段中都有提到。

第二步：搜尋特定字詞或片語。

　　暫時停止呼吸、空出雙手操作相機、雙腳必須夾緊樹幹、寒冷刺骨等可以「過程艱辛」替代。

第三步：以一句話寫出。

　　為了捕捉畫面，拍攝蝴蝶過程艱辛。

複習：摘要步驟圖示*

　　閱讀後想一想，文章中句子和語詞：

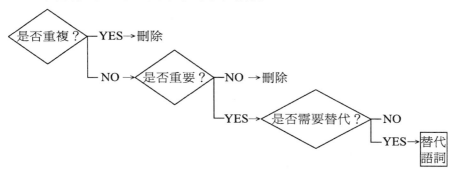

經過上述整理，

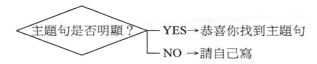

大功告成

---

*註：文章結構也是幫助理解的重要依據。《我可以學得更好（低年級）》閱讀理解提到故事體的架構（77頁）請讀者再次參考。至於說明文的結構，我們將在下一冊介紹。

參考資料

柯華葳（1993）。語文科的閱讀教學。載於李咏吟主編，學習輔導。
台北：心理。

國民小學國語第二冊（1993）。第十六課、小馬長大了。國立編譯
館。

國民小學道德與健康——道德第十一冊（2001）。四、自己的土地
自己耕。國立編譯館。

國民小學道德與健康——道德第十二冊（2002）。四、築夢踏實。
國立編譯館。

Brown, A., & Day, J. (1983). Macrorules for summarizing texts: The development of expertise. *Journal of Verbal Learning and Verbal Behavior, 22*, 1-14.

Palincsar, A., & Brown, A. (1984). Reciprocal teaching of comprehension-fostering and monitoring activities. *Cognition and Instruction, 1*, 117-175.

閱讀賞析

劉佩雲

　　當我們閱讀一篇文章，迭聲驚呼、擊掌讚嘆「好文章」時，可能馬上就有人問：哪裡好？為什麼？哪些地方可以借鏡學習呀？一般而言，好文章有五個基本條件：「切合題旨、結構嚴謹、佈局巧妙、取材適當、字詞優美」。教師在進行閱讀賞析教學時，要以範文多舉實例解釋，反覆而清楚地分析說明該文的優缺點，讓學生不但知道文章佳妙處或敗筆，進而能一看到文章就自動化地去分析文章結構、佈局取材，欣賞優美字詞，日積月累地潛移默化，學習者的語文能力才會日起有功。基於小學中年級接觸的文章多以記敘文為主，而詩與散文是中國文學的雙璧，本單元就以記敘文與詩歌為範圍，分析診斷學生賞析時的問題並提出幫助學生賞析的策略與方法。

個案一：熙文

　　老師對小四的熙文說：「我們今天要看一篇文章〈愛迪生的故事〉，不過在讀之前，老師想先請熙文猜猜看文章的內容。」「我猜是關於愛迪生很會發明東西，是發明大王。」「好，我們現在來看看這篇文章，看看熙文猜的對不對。」熙文讀完〈愛迪生的故事〉一文（見學習單01，第57頁）後，老師問：「這篇文章的主角是誰？他發生了什麼事？」熙文想一想，說：「這篇文章的主角是愛迪生，他發明了很多東西。」「和熙文猜的一樣嗎？」「我猜對了，我就知道內容會說愛迪生是發明大王。」「這篇文章最主要的意思是什麼？」熙文不確定地說：「愛迪生很會發明東西，是發明大王。」老師說：「很接近，不過更精確的主旨是：愛迪生是一位偉大的科學家。這篇文章一共分成六段，是一篇記敘文，熙文能不能說說看記敘文的特色？」「記敘文的特色……，我不會說」「記敘文大都是以『開頭─經過─結果』的方式來寫。能不能請熙文看看文章是如何開頭的？」熙文很快唸出第一句：「開頭是歐洲自古流傳一句話：第七個孩子將會是『神奇的幸福者』。」「不是問你文章的第一句，而是問你這篇文章開頭的方式？」「我不知道。」

　　於是，老師為了讓熙文了解本篇記敘文的「開頭─經過─結果」及文章段落間佈局的關係，決定由熙文演愛迪生，老師演愛迪生的媽媽，以角色扮演的戲劇方式演出〈愛迪生的故事〉。演完後，老師問：「愛迪生的故事是依什麼順序發展的？」熙文很高興的說：「從小到大。」「所以發展的順序是時間，愛迪生能成為偉大的科學家是發生很多事之後的結果，熙文能不能從文章中找到愛迪生之所以能成為偉大科學家的經過？」「因為他很好奇，愛問為什麼？」「還有呢？」「因為他一邊做小生意，一邊在火車中做實驗。還有……」「你說的這些事件是他成為偉大科學家的關鍵因素嗎？」熙

文停下來無助的看著老師……。「這篇文章的段與段之間有沒有用到一些連接語詞？」「什麼連接語詞……」熙文搖搖頭。最後，老師請熙文指出文中優美的詞句和自己喜歡的句子，熙文舉出「名傳千古」是成語，最喜歡的句子是「我要使黑夜像白天一樣光明。」「為什麼喜歡？」「因為我覺得這句看起來很特別。」

綜合問題診斷

➤ 讀一篇文章首先要掌握全文主旨（主要的意思）。熙文無法掌握這篇文章主要的意思。他認為〈愛迪生的故事〉的主旨是愛迪生很會發明東西，是發明大王，但這並不是整篇文章的最主要意思（文章主旨請見單元二文章摘要）。

➤ 熙文不清楚文章文體是記敘文，無法說出記敘文主要的特徵是「開頭—經過—結尾」，亦無法辨識出主角愛迪生所發生的重要事件與經過，以及這些事件與結果之間的關係。可能是小學四年級的熙文處於認知發展的具體運思期，因果關係的辨識能力不夠，也可能是無法分辨有關與無關的訊息，進而過濾掉無關線索而提取重要線索的緣故。

➤ 熙文經角色扮演的戲劇演出後，能掌握本文發展的順序是時間，但不清楚文章段與段之間如何連結，可能是他無法掌握文章的脈絡與佈局方式，也就是人、事、地、物、時之間的關係與順序，也不清楚文章的段落之間需要一些連接語詞的連結才會順暢。

➤ 熙文未能掌握愛迪生之所以能成為偉大科學家經過的關鍵內容，例如他舉的一些句子「他一邊做小生意，一邊在火車中做實驗。」就不是直接相關且重要的部分，所以熙文對文章取材與題旨間關係掌握得並不好。

➤ 熙文無法充分理解文章修辭的技巧與功能，也說不出文辭優美的原因。可能是他修辭的知識與經驗不足，優美文章閱讀量不足，而在閱讀文章時缺乏修辭技巧的指導。

愛迪生的故事

　　歐洲自古流傳一句話：第七個孩子將會是「神奇的幸福者」。科學家愛迪生排行老七，長大後，成為名傳千古的偉大科學家。

　　小時候，愛迪生最常掛在嘴巴上的三個字是：「為什麼？」，他不只會問大人一些深奧或稀奇古怪的問題，還曾因為好奇而惹出一些麻煩來。

　　上了小學，他的「為什麼」越來越多，但是對學校所教的國語、數學等課業卻一直不感興趣，老師因此不大喜歡他。愛迪生的媽媽卻認為，愛迪生很有探究的精神，於是在家教他讀書，一直教了四年。算一算，愛迪生在正式學校接受教育，只有短短三個月的時間。

　　後來愛迪生在火車上當小販，一邊做小生意，一邊在火車車廂中做實驗。他用腦筋思考，用雙眼觀察，用雙手操作，再用實驗去確認他的疑惑和想法。

　　愛迪生從十四歲開始著迷於電信遊戲，後來還擔任火車站及電信公司的電信技師。三十歲的時候，他發明了可以把人類聲音保留下來的「留聲機」。後來，他的一個念頭——我要使黑夜像白天一樣光明，又促使他發明了「電燈」。

　　愛迪生一生的發明難以計數，所以大家都稱他為「發明大王」。他從事實驗與探究，一向抱持「有益於世」的信念，因此，他發明的電燈、電影等，都對人類的生活與文明產生了重大的影響。

（出處：小學生每日一文——中年級）

問題分析 3-1：
無法了解文章寫作方式（文體、體裁）

　　文章是「字、詞、句、段、篇」的組合，文章有不同的體裁，就像衣服有不同的樣式；做衣服之前要先決定樣式，閱讀文章也要先掌握文章的樣式。文章的寫作樣式就稱為體裁或文體，如：記敘文、說明文、論說文、應用文等，不同的體裁其結構與內容自然不同。熙文無法掌握〈愛迪生的故事〉是以「開頭—經過—結果」寫成的記敘文，顯然無法辨識文章的體裁。

策略 3-1-1　辨識記敘文的體裁

　　中年級的學童可以先從記敘文的了解開始。所謂「記敘文」就是：記載敘明事件的始末，把事件（或人物、景物、旅遊、情感）中的人、事、地、物、時之間的關係做完整的敘述。

　　記敘文有幾個原則：完整的寫下每一件事，事情發生的原因、經過與結果都要清楚明白的寫出來，不同的事要分開（段）來寫，每一件事依照事情發生的先後順序來寫，再把整件事相關的幾個事件串連在一起，就完成一篇記敘文了。閱讀記敘文時，首先要找出文章中的要素：主角是誰？發生了什麼事？也就是人、事、地、物、時。所以記敘文體裁簡單說就是主角發生了某件事情「開頭—經過—結果」的安排方式。

問題分析 3-2：無法掌握文章的結構

　　文章結構就是文章的組織與佈局，記敘文的結構簡單說就是「開頭—經過—結果」的安排方式。記敘文的目的當然是要把事情講清楚、說明白，但怎麼講會更條理清晰、生動有趣，就要在平鋪直敘的開頭、經過與結尾之外，再多加精心巧思安排，講求各段之間的連結照應，中間還要有變化，而開始與結尾也要有所呼應，才會使文氣順暢且結構完整。此外，記敘文結構也可分成「背景、細節、變化、結論」四部分（參見單元五進階作文）。

策略 3-2-1　分析文章的「開頭—經過—結尾」

　　記敘文的「開頭」通常是說明主角或事件的背景，「經過」是詳細描述在什麼時間主角發生的事件、原因、經過或事情的變化，而「結尾」則往往是事件的結局或作者經歷此事件的心得與感想。

【練習 3-2-1】找出記敘文文章結構的「開頭─經過─結尾」

說明：請找出〈愛迪生的故事〉這篇文章的「開頭─經過─結尾」各是什麼？

〈愛迪生的故事〉 文章結構	第幾段	主要內容
開　頭		
經　過		
結　尾		

※參考回答

〈愛迪生的故事〉 文章結構	第幾段	主要內容
開　頭	第一段	愛迪生是幸運的老七，長大果然成為偉大的科學家。
經　過	第二到 第五段	愛迪生對事好奇且有探究精神，愛動手動腦做實驗。他發明很多對人類有幫助的東西。
結　尾	最後一段	愛迪生不但是發明大王，而且對人類文明有重大貢獻。

問題分析3-3：不清楚文章開頭的方式

　　文章開頭最常使用的四種方法是：直敘、旁敘、名言警句（以名言、格言、成語、俗語或詩歌）或設問法來開頭。直敘是開門見山，直接說明文章意旨，好處是清楚明白、一針見血；旁敘是不直接說主題，而先說相關的東西再引出主題，用烘托方式，畫龍點睛，具有引發好奇、豁然開朗的功能；設問法是用問問題的方式開頭，可以激發讀者的好奇、思考與想繼續讀的興趣。

策略3-3-1　練習分析文章的開頭方式

　　教師或家長可以選取不同開頭方式（直敘、旁敘、名言警句或設問法）的記敘文，提供學童辨別與練習分析。

【練習 3-3-1.1】分析文章開頭的方式

說明：請分析〈愛迪生的故事〉一文開頭的方式。

	開頭方式	證　　據
〈愛迪生的故事〉	直　敘　法	愛迪生是偉大的科學家。
	名言警句法	歐洲俗諺：「第七個孩子將會是『神奇的幸福者』。」

【練習 3-3-1.2】分析文章開頭的方式

說明：請分析〈遠足記〉一文開頭的方式。

遠足記

　　東方出現魚肚白時，一道曙光射進窗前；我揉揉矇矓的雙眼，哇！又是一個晴朗的早晨，真棒！我趕緊穿好衣服，去吃早點，飯後懷著滿心喜樂的心情跑去學校，因為今天是學校遠足的日子。

（出處：蕭奇元《作文的好導師》）

	開頭方式	證　　據
〈遠足記〉	旁　敘　法	

問題分析 3-4：
無法了解文章段落之間的關係（佈局）

　　作者如何安排文章呈現的方式？哪個先？什麼後？段落與段落之間又要如何銜接才順暢？需不需要一些連接語詞？凡此種種都是文章的佈局。就好像媽媽想炒一道美味可口的菜，選好了肉、紅蘿蔔、青椒、油、糖⋯⋯等材料，但不會一次全丟進鍋子裡煮，因為材料下鍋的順序會影響食物好吃與否，所以文章素材如何呈現的先後順序（佈局）也要經過深思熟慮的精心安排，讀起來才會通順。熙文說不出文中主角發生的重要事件及其間的因果關係，即無法掌握文章脈絡的佈局方式，亦無法辨明段落之間的連接語詞。

策略 3-4-1　分析文章脈絡佈局的「時、空」關係

　　文章的進行，可以依「時間」發展來寫，由年幼到成人、由發生的先到後是「順敘法」；而先寫長大後的成就，再回憶小時候的成長過程；或先寫結果，再回溯之前發生事情的經過，這是「倒敘法」的寫法。也可以依「空間」變化來寫，由近的開始，慢慢寫到遠的；也可以先寫遠的，像照相機的長鏡頭，再慢慢拉近放大描寫身邊的事物。

【練習 3-4-1.1】分析文章脈絡佈局的方式

說明：請分析〈愛迪生的故事〉一文脈絡佈局的方式。

	脈絡佈局方式	證據（關鍵詞）
〈愛迪生的故事〉	時間（順敘法）	第二段：小時候
		第三段：上了小學
		第四段：後來

【練習 3-4-1.2】分析文章脈絡佈局的方式

說明：請分析〈再美麗一次〉一文脈絡佈局的方式。

再美麗一次

　　這是一個有風的五月天，桌上放著封面空白的繪本，該如何設計封面才好呢？我想了一個下午，仍然沒有什麼好點子。這時窗外茂密的樹葉，隨風搖曳，我的思維也跟著沙沙作響的聲音，走回去年的夏天⋯⋯。

（出處：翰林版國小國語課本第九冊）

	脈絡佈局方式	證　　據
〈再美麗一次〉	時間（倒敘法）	

策略 3-4-2　分析演繹法與歸納法的佈局方式

　　依文章鋪陳的邏輯，有演繹或歸納兩種佈局方式。在閱讀文章時，老師可先示範分析，再提供範文讓孩童練習。所謂「演繹」就是先總後分，先說結論再舉出一些例證，而「歸納」則是先分後總，先一一舉出事例再歸結發現其中共通之處作為結論。

　　〈愛迪生的故事〉的鋪陳邏輯兼具演繹法與歸納法的佈局，各段銜接具有邏輯因果的關係。首段以演繹法總說，簡略概括提出愛迪生是偉大科學家的總論點，自第二段始到第五段分別舉出數件事實作為總論點的例證，最後一段以一生回顧來總收全文，回應第一段總論點並作結論。歸納法應用部分：第二段到第五段由舉出的幾件事（好奇、愛發問、動腦思考並動手實驗）為事例，歸納得到結論：「愛迪生是對世人有益的發明大王」。

【練習 3-4-2】分析文章佈局的邏輯

說明：請分析〈愛迪生的故事〉一文佈局的邏輯如何應用演繹與歸納方式。

演繹法   歸納法

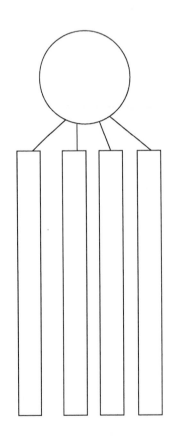
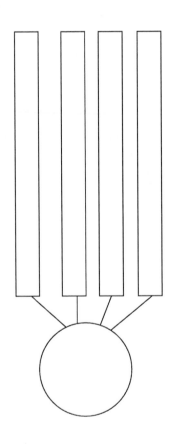

策略 3-4-3　分析文章段落間的因果關係

　　文章要好，不只要首尾呼應，文章段與段間還要有因果關係，環環相扣，緊密聯繫與呼應，這樣才是結構嚴謹。但如何才能做到？可以參考老舍說的：「文章寫完之後，可以唸給別人聽聽，唸一唸，哪些不恰當的字句，不順口的地方，就都顯露出來了，才可以一一修改。文章叫人唸著舒服，要花很多心思與功夫。」

　　老師可以先示範引導學童分析〈愛迪生的故事〉文章中段落間行文的因果邏輯關係。如第二段說愛迪生愛問為什麼（因），造成小學老師不喜歡他，只讀三個月就離開學校，很慘吧！不過作者也巧妙的轉麻煩為優點——第三段寫媽媽肯定愛迪生的好奇與探究精神，在家親自教他讀書（果），段與段間做到了「前後照應」，前後文具因果邏輯關係。最後一段則透過再一次強調全文主旨來遙相呼應第一段所言，達到「首尾呼應」，讓文氣貫穿首尾，加深讀者的印象。而整篇文章扣緊愛迪生的生平，亦做到了「文題照應」與「全篇照應」。

【練習 3-4-3.1】分析文章段落間的因果關係

說明：請分析〈愛迪生的故事〉一文段落間是否有因果關係？

〈愛迪生的故事〉	段落間因果關係	證　　據
〈愛迪生的故事〉	因	
	果	
〈愛迪生的故事〉	因	
	果	

【練習 3-4-3.2】分析文章段落間的呼應關係

說明：請分析〈愛迪生的故事〉一文的佈局是否有呼應關係？

〈愛迪生的故事〉鋪陳的呼應佈局	呼應關係	證　　據
	呼	
	應	
	呼	
	應	

策略 3-4-4　辨認文章裡上下句間的邏輯關係

　　文章的文句之間常見的邏輯關係有因果關係與遞進，平日學童在練習造句時即常發生邏輯上的錯誤，需要師長進行錯誤原因的分析並教導正確的邏輯觀念。

一、因果關係：有前因後果與前果後因兩種。

　　㈠前因後果：「因為……所以……」、

　　　　　　　　「因……而……」、

　　　　　　　　「只要……就能……」、

　　　　　　　　「……所以」、

　　　　　　　　「幸而……要不然……」、

　　　　　　　　「……於是……」。

　　㈡前果後因：「……因此……」、

　　　　　　　　「總是……因為……」。

二、遞進：「不只……還……」、

　　　　　「既……又……」、

　　　　　「不但……而且……」、

　　　　　「除了……更……」。

【練習 3-4-4】分析文章中上下文句的邏輯關係

說明：請找出〈愛迪生的故事〉與〈遠足記〉文中上下文句的邏輯關係。

	上下文句的邏輯關係	證　　據
〈愛迪生的故事〉鋪陳邏輯	因果關係	（因為）第七個孩子將會是「神奇的幸福者」，科學家愛迪生排行老七，長大後，（果然）成為名傳千古的偉大科學家。 說明：文章中常省略（　）中的字。
	因果關係	媽媽卻認為愛迪生很有探究精神（因），於是在家教他讀書（果）。
	遞進關係 因果關係	他不只會問大人一些深奧或稀奇古怪的問題，還曾因為好奇（因）而惹出些麻煩（果）。
〈遠足記〉	因果關係	

策略 3-4-5　教導文章段與段間銜接順暢的技巧：善用連接詞語

　　文章的段與段之間要銜接順暢，可使用特殊詞語來連接，但不可一再重複相同連接詞，如口語中犯的語病「……，然後……，然後……」，行文要力求變化或以類似詞語來替換相同重複的詞語。段與段間常用的特殊連接詞語有「此外……」、「後來……」、「總之……」、「最後……」等。在閱讀文章時，可以請學童將段與段之間的連接詞圈出來，想一想作者用得好不好，詞彙適不適當？豐不豐富？還有沒有其他詞語可替換？

【練習 3-4-5】分析段與段間的連接語詞

說明：請找出〈愛迪生的故事〉一文中段與段間的連接語詞，想一想能否以其他語詞替換。

	連接語詞	替換語詞
〈愛迪生的故事〉 段落銜接		

問題分析 3-5：無法了解文章的取材與主題的關係

　　記敘文是依整個事件的主軸來寫，和主題相關才寫，不相關的不要寫。選擇文章內容與取材的原則是要先澄清並決定自己在這篇文章中主要想表達的是什麼，內容都要與主要表達的意思密切相關，選取文章的材料就像裁剪衣服，決定衣服的樣式（文體）後，就選擇布料並依照服裝設計樣式加以裁剪，選取符合體裁並與主旨相關的內容，而裁剪剩下的布就像文章中無關的字詞或內容一樣，就要捨棄，不要不捨得而硬放在文章中，這樣會成為多餘的贅字或贅句，選取與主題相關且適當內容的過程就是取材。熙文未能掌握愛迪生之所以能成為偉大科學家經過的關鍵內容，即無法了解文章取材與題旨間的關係。

策略 3-5-1　分析內容取材與主題的關聯

　　進行文章的取材分析首在釐清題旨，再判斷內容與題旨的相關性。本文是敘述文，描述愛迪生的一生，愛迪生是有名的發明大王，一生過得很精采，有太多的事蹟可以寫，但本文更想突顯愛迪生不但是發明無數的「科學家」，更是「偉大的」科學家。

　　第一段開門見山直接點出題旨「愛迪生是位偉大科學家」後，接下來第一段開始到最後一段都與主題密切相關，可分為兩大部分：前半部的重心放在他實事求是、探究的態度與驗證假設的精神，所以文章選取的素材要符合主要意旨及精神，第二段寫「從小就愛問為什麼」，第三段寫愛迪生有探究精神，第四段寫他以思考、觀察、動手實驗來確認疑惑並驗證自己的想法。而後半部以「有益於世」的發明信念彰顯其偉大情操為主軸，所以第五段寫「有益於世」是

愛迪生的發明信念，最後一段以愛迪生經由實驗與研究所發明的電燈、電影都對人類文明產生有益的重大影響，證明「偉大科學家」的稱號對愛迪生來說確實當之無愧，為全文畫上漂亮的句點。

問題分析 3-6：無法了解文章修辭的技巧與功能

　　鍛詞鍊句是文章優美的關鍵，精準的描述與巧妙的修辭能在文詞清通、明白暢達之餘，再求激發共鳴的美感經驗。小學中年級常用的修辭是：譬喻、映襯、層遞與用典故、成語。熙文無法充分掌握文章修辭的技巧與功能，也說不出文辭優美的原因，所以在大量閱讀優美文章的同時，需要有人指導他找出文章優美修辭的文句並解析原因。

策略 3-6-1　提供應用譬喻法修辭的例子

　　譬喻就是打個比方，是「藉彼喻此」，讓難懂的簡單化，讓抽象的具體化，讓平淡的醒目趣味化。文句中有「……**像**……」、「……**如**……」、「……**似**……」、「……**若**……」、「……**是**……」等字多是譬喻法的應用，例如：「春風**像**溫柔的母親低語著」、「讀書就**如**同打開知識之門」、「山坡上面野花多，野花紅**似**火」、「君子之交淡**若**水」、「幽默**是**人類心靈的花朵」。以母親溫柔的低語比喻春風，以火比喻野花的紅。

　　教師可以請學童先試著找出文章中的譬喻修詞，若有困難，再加以引導並解釋。〈愛迪生的故事〉第五段的「我要使黑夜像白天一樣光明」。作者以愛迪生所發明的電燈，能讓黑夜也**像**白天一樣光明，不只是直接形容電燈產生照明的效果，更隱含了愛迪生讓人類文明更光輝燦爛，照亮人類未來的深刻意義，此隱喻的部分是老師要引導孩童去領會的。

【練習 3-6-1.1】分析譬喻修辭㈠

說明：請找出〈愛迪生的故事〉一文中應用譬喻修辭的地方。

〈愛迪生的故事〉譬喻修辭	證　　　據

【練習 3-6-1.2】分析譬喻修辭㈡

山和海的書信

　　晴空萬里時，你看起來青春翠綠，像個意氣風發的青年；風雨交加時，你堅忍不拔的身影，像不屈不撓的勇士；山霧飄起時，一朵朵的白雲在身邊千變萬化，你就像神奇的魔法師；夜晚來到時，穿上黑色的外衣，你好像是英勇的武士。

（出處：翰林版國小國語課本第七冊）

說明：請找出〈山和海的書信〉一文中應用譬喻修辭的地方。

〈山和海的書信〉譬喻修辭	證　　　據

【練習 3-6-1.3】分析譬喻修辭㈢

阿里山看日出

　　我轉過頭去，向旁邊一看，山邊白雲湧起，像千堆雪，又像成群的綿羊，更像朵朵的浪花，想不到高空突然出現大海，群山變成海上的小島，真使人看得又驚又喜。（出處：翰林版國小國語課本第七冊）

說明：請找出〈阿里山看日出〉一文中應用譬喻修辭的地方。

〈阿里山看日山〉譬喻修辭	證　　　據

策略 3-6-2　提供應用排比法與層遞法修辭的例子

「排比」是以二或三個結構相似或相同的句子，表達相關的意思。反覆描寫或詞句變換使語氣加強、文氣貫通，常同時應用層遞或對比以營造出壯闊、均衡與參差之美。

「層遞」則是用二或三個以上的語句，依文意由小而大、由輕而重、由近而遠、由高而低，逐層遞減或遞增，使讀者產生環環相扣、逐步增強氣勢與認識的效果。教師在帶領孩童閱讀文章時，應明確示範或引導孩童找出排比或層遞的修辭技巧。

〈愛迪生的故事〉的第四段中「一**邊**做小生意，一**邊**在火車車廂中做實驗」、「他**用**腦筋思考，**用**雙眼觀察，**用**雙手操作，**再用**實驗去確認他的疑惑和想法。」是並列與排比（一**邊**……，一**邊**……）、（**用**……，**用**……，**用**……，**再用**……）的句法，也有層遞的效果，例如文中「腦筋思考→雙眼觀察→雙手操作→實驗確認」即是。

【練習 3-6-2.1】分析排比與層遞修辭㈠

說明：請找出〈愛迪生的故事〉一文中應用排比或層遞修辭的地方。

	證　　　　　據
〈愛迪生的故事〉 排比修辭	
〈愛迪生的故事〉 層遞修辭	

【練習 3-6-2.2】分析排比與層遞修辭㈡

烏桕巷

　　「烏桕巷」是一條充滿「社區關懷」的巷子，這裡的居民知道，只要堅持信念，就能凝聚夢想；只要持續行動，夢想就能實現。

（出處：翰林版國小國語課本第八冊））

說明：請找出「烏桕巷」一文中應用排比或層遞修辭的地方。

	證　　　　　據
〈烏桕巷〉排比或 層遞修辭	

【練習 3-6-2.3】分析排比與層遞修辭㈢

說明：請找出〈山和海的書信〉一文中應用排比或層遞修辭的地方。

	證　　　　　據
〈山和海的書信〉 排比或層遞修辭	

策略 3-6-3　提供應用成語、典故或名言佳句來修辭的例子

　　引用前人名言、成語或摘取經典語句可加強語言表達的說服力，也可以精鍊濃縮語言，增加文章的深度與力度，更彰顯作者滿腹經綸與遣詞用字的功力。教師在帶領孩童閱讀文章時，應明確示範或引導孩童找出應用成語、典故或名言佳句的修辭技巧。

　　〈愛迪生的故事〉引用歐洲俗諺「第七個孩子將會是『神奇的幸福者』」，成語有「名傳千古」與「有益於世」，俗語是「我要使黑夜像白天一樣光明。」

【練習 3-6-3.1】分析成語、典故或名言佳句修辭㈠

說明：請找出〈愛迪生的故事〉文中應用成語、典故或名言佳句修辭的地方。

〈愛迪生的故事〉成語、典故或名言佳句修辭	證　　　據

【練習 3-6-3.2】分析成語、典故或名言佳句修辭㈡

借本領

　　小李和小王是多年的老朋友，他們都很會畫圖，也靠畫畫賺錢維生。

　　小李向來勤勞，工作的時候絕不偷懶。他雖然已經畫得很好了，還是常常利用時間練習，也經常看書，增廣見聞。

　　過了一段時間，小李的畫作栩栩如生，大家嘖嘖稱讚，來跟他買畫的人絡繹不絕，生意好得不得了。

　　　　　　　　　　（出處：小學生每日一文——中年級）

說明：請找出〈借本領〉一文中應用成語、典故或名言佳句修辭的地方。

〈借本領〉成語、典故或名言佳句修辭	證　　　據

79

　　兒童讀唐詩、創作童詩是國小常進行的教學活動，詩是真、善、美的化身，我們不一定能成為詩人，但如果終生有詩相伴，能賞詩、讀詩是何等幸福！不妨在要求孩子背詩或作詩之前，好好欣賞詩，用心看看詩。

　　無論唐詩或新詩都很適合孩童賞析，不過要有計畫與方法，宜循「介紹、欣賞、分析」的步驟，首先蒐集夠水準又適合教學的「範詩」，選擇的標準是：主題正確、段落分明、意象鮮明生動、描述貼切、節奏流暢、經驗適合孩童。在教學時，可依詩的性質分門別類有系統的介紹給孩子。如何欣賞？老師不要急著解析，要讓孩子有足夠的時間去看、去聽、去想像，一一表達自己的看法。宜先求有趣，孩子喜歡且有共鳴最重要，次而才是理解。而分析時可以掌握由具體到抽象（從有形到無形）、由認知理解到情趣陶冶（從外而內）、由欣賞到深入解析技巧（由淺入深）三個層次進行（宋筱惠，1994）。

個案二：詩詩

　　詩詩從小就背了一肚子唐詩，常搖頭晃腦的在親友面前表演背詩，大家都說她好聰明。到了小學三年級，老師發現，雖然詩詩會背許多詩，但當她迅速而流利地背出一首詩，老師請她說說看這首詩在說些什麼？詩詩卻答不出來。老師要詩詩寫出詩句，詩詩寫的句子音大致對了，但國字部分有許多錯別字。有時老師會請詩詩用畫圖的方式表達詩的內容或聯想到的事物，詩詩常畫不出來或畫出與詩句無關的東西。當老師在黑板上寫下一首詩，朗讀之後，請詩詩想一想，對這首詩有什麼感覺？詩詩沒有回答，但嘴巴不自覺的動著，似乎正在背誦，老師說：「不要急著把詩背起來，先說說看妳覺得這首詩在說些什麼？」詩詩說：「我看不懂。」

綜合問題診斷

➡ 詩詩會背許多詩，但卻不了解這首詩在說些什麼，且書寫詩句時有許多錯別字，顯示她只是依照讀音記憶背誦詩句，並不了解詩句的意思，亦無法掌握詩的意涵。

➡ 詩詩說「看不懂」詩。孩童看不懂詩的原因很多，可能是艱澀的生字難詞或跳躍的思考，造成閱讀理解的困難。也可能是詩中所描述的超越孩童的生活經驗，甚至有許多人生哲理，是孩童無法體會的意象或情感。詩中所描寫的常是抽象而隱含其中、更深層的意思，對尚處具體運思期的中年級孩童來說實在很難理解。再者，詩是精鍊的語言，常運用修辭技巧，如譬喻、擬人、對比等，不像白話文那麼淺白易懂，所以需要師長的引導與解析。

➡ 詩詩常畫不出來或畫出與詩句無關的東西，顯示詩詩無法理解詩的意涵，也無法由詩詞中發揮感受力、觀察力與聯想力，想像不出詩中描寫的意境，也無法激發她情感的共鳴或創造力，自然說不出對詩的感覺。

問題分析 3-7：只會背誦但不了解詩的意涵

　　無論唐詩或新詩都很適合孩童賞析，但不是不管三七二十一背起來就好，應該同時有計畫、有技巧的加以深入解析，學童才會有所知、有所感與有所得，賞析可以循「介紹、欣賞、分析」的步驟進行，以引發學童動機與興趣，培養敏銳觀察力。

策略 3-7-1　介紹趣味小詩入門，了解詩的主題與特色

　　一首好的詩要有明確的主題，在讀楊喚的童詩〈小蝸牛〉〔學習單 02 (一)〕時，可先出示〈小蝸牛〉的前半首詩，請孩童先猜猜詩名為何？當孩童猜出詩名，可以試探問道：「如果是你，接著會寫些什麼？」，充分觸發孩童敏銳的觀察力、感受力與聯想力，孩童可能七嘴八舌興奮的說個不停，也可能鴉雀無聲，此時老師可以請自願的小朋友到台前，表演小蝸牛，請大家一起說說蝸牛的特徵、行為或生態。然後大家一起把〈小蝸牛〉整首詩讀完，可以一起大聲朗誦或輪讀，小蝸牛描述的內容貼近孩童日常生活經驗，生動傳神，相信孩童很容易就能掌握整首詩的主題。接著看看〈小蝸牛〉有沒有描述出蝸牛的特色？有！和剛才大家說的、表演的一樣：「馱著房子」、「慢慢地」、「爬得慢慢的」。不過，蝸牛除了背個房子到處爬外，還有什麼別的特色？有耶！詩中有一些很棒的句子寫出大家沒注意到的地方：「小蝸牛會分泌黏液，所以牠的殼確實始終濕濕的！」哇！這就是詩人的剔透玲瓏心，觀察得好仔細，令人佩服！

策略 3-7-2　欣賞詩的主題與特色

　　〈小蝸牛〉這首擬人化的童詩傳達出悲天憫人的同理心，在老

師做任何微言大義的說明前，先問孩子喜不喜歡？為什麼喜歡？為什麼不喜歡？喜歡（不喜歡）哪裡？理由是什麼？請孩子們說一說讀後的感覺，尤其要鼓勵害羞不敢發言的孩子；除了用說的，也可以用寫的、用畫的、用演的，分組討論也不錯。

策略 3-7-3　分析詩的主題與特色

當孩子盡情的發表完自己的看法後，老師可以總結道：小蝸牛背著房子到處玩，是很自由，不過牠也有煩惱，太陽只親小花和小草不理牠，讓牠的房子又濕又冷，實在很可憐！由小蝸牛的房子想到自己住的房子，相較之下感受自己的幸福。

以「小動物」為主題的詩相當多，如楊喚的〈小蜘蛛〉、〈小螞蟻〉、〈小蟋蟀〉都很適合，而白居易的〈鳥〉（誰道群生性命微，一般骨肉一般皮，勸君莫打枝頭鳥，子在巢中望母歸）。更能由不隨便殺生體悟到「愛護動物，珍惜生命」，從而達到詩溫柔敦厚的教化功能。

與「家」主題相關的詩也很多，如學習單 02 ㈡楊喚的〈家〉、學習單 03 ㈢林煥彰的〈鞋〉，都意在言外傳達出「家是最溫暖的避風港」的意涵，可以一起賞析，相信小朋友看了，應能感同身受，油然而生知足與感恩之心！

讀學習單 02 ㈢、㈣這首詩時，一樣先猜猜詩名，相信孩子很容易猜中，並透過讀詩得到樂趣與成就感。不過要猜出學習單 02 ㈤與㈥的詩名，就需要有相關的背景知識，知道流星與彗星的特性，也知道搖頭丸對身體產生的傷害。而在猜詩名的過程中，孩童必須反覆閱讀、一再推敲，無形中觸發細緻的觀察與敏銳想像，才能洞悉詩名與詩意，引發興趣與繼續探究的動機。然後循「介紹、欣賞、分析」的步驟帶領孩子在詩中遨遊，抓出詩中放大描寫的特色。

（一）＿＿＿＿＿＿　　　楊喚

我馱著我的小房子走路，
我馱著我的小房子爬樹，
　慢慢地，慢慢地，
　不急也不慌。
我馱著我的小房子旅行，
到處去拜訪，
拜訪那和花朵和小草親嘴的太陽，
　我要問問他：
為什麼他不來照一照，
我住的那樣又濕又髒的鬼地方？

（二）＿＿＿＿＿＿　　　楊喚

樹葉是小毛蟲的搖籃。
花朵是蝴蝶的眠床。
歌唱的鳥兒誰都有一個舒適的巢。
辛勤的螞蟻和蜜蜂都住著漂亮的大宿舍，
螃蟹和小魚的家在藍色的小河裡，
綠色無際的原野是蚱蜢和蜻蜓的家園。
可憐的風沒有家，
跑東跑西也找不到一個地方休息。
飄流的雲沒有家，
天一陰就急得不住地流眼淚。
小弟弟和小妹妹最幸福哪！
生下來就有了爸爸媽媽給準備好了家，
在家裡安安穩穩的長大。

（三）＿＿＿＿＿＿　　　商禽

祇有翅翼，
而無身軀的鳥，
在哭和笑之間，
不斷飛翔。

（四）＿＿＿＿＿＿　　　蘇軾

重重疊疊上瑤臺，
幾度呼童掃不開。
剛被太陽收拾去，
卻教明月送將來。

（五）＿＿＿＿＿＿　　　瘂弦

提著琉璃宮燈的嬌妃們，
幽幽地涉過天河，
一個名叫彗的姑娘，
呀的一聲滑倒了。

（六）＿＿＿＿＿＿　　　王添源

搖頭驅除所有煩惱，
無邊煩惱，卻在，
清醒後全數歸來。

詩名：㈠小蝸牛；㈡家；㈢眉；㈣花影；㈤流星；㈥搖頭丸。

(一)〈勞勞亭〉　　　　　李白

　　天下傷心處，

　　勞勞送客亭，

　　春風知別苦，

　　不遣柳條青。

(二)〈九月九日憶山東兄弟〉　　王維

　　獨在異鄉為異客，

　　每逢佳節倍思親，

　　遙知兄弟登高處，

　　遍插茱萸少一人。

(三)〈鞋〉　　　　　　　林武憲

　　我回家，把鞋脫下，

　　姊姊回家，把鞋脫下，

　　哥哥、爸爸回家，

　　也都把鞋脫下，

　　大大小小的鞋，

　　是一家人依偎在一起，

　　說著一天的見聞，

　　大大小小的鞋，

　　就像大大小小的船，

　　回到安靜的港灣，

　　享受家的溫暖。

(四)〈竹里館〉　　　　　王維

　　獨坐幽篁裡，

　　彈琴復長嘯，

　　深林人不知，

　　明月來相照。

(五)〈插秧〉　　　　　　詹冰

　　水田是鏡子，

　　照映著藍天，

　　照映著白雲，

　　照映著青山，

　　照映著綠樹。

　　農夫在插秧，

　　插在綠樹上，

　　插在青山上，

　　插在白雲上，

　　插在藍天上。

問題分析 3-8：看不懂詩

孩童看不懂詩的原因包括：艱澀的生字難詞、跳躍的思考，詩所描述超越孩童的生活經驗，隱含於其中抽象或更深層的意思……，這些對於缺乏類似生活經驗或先備知識的孩童，將很難理解詩句的意涵。

策略 3-8-1　認知的理解與探討

詩是精錬的語言，不像散文那麼富邏輯與連貫性，詩的跳躍性思考與抽象意象、隱喻或典故，往往是孩童讀不懂詩的主要原因，需要老師加以解說。

如學習單 03 ㈠〈勞勞亭〉，勞勞亭是地名，勞勞則是惜別之意，引自古詩〈孔雀東南飛〉。以前離別，常折楊柳枝送給遠行的親友，表示離情依依。整首詩要表達的是分別之苦，這種傷心離別苦連春風都知道，還不准楊柳變青呢！

學習單 03 ㈡王維的〈九月九日憶山東兄弟〉是首大家耳熟能詳、朗朗上口的詩，但為什麼九月九日爬山登高呢？在山上插一堆茱萸做什麼？因《續齊諧記》中說：桓景跟隨費長房學習，有一天，費長房對桓景說，九月九日會有災難，要他和家人在手臂上綁茱萸，爬上高山，喝菊花酒，才會沒事。所以九月九日登高、插茱萸的典故由此而來。當然，王維的這首詩主要是以景烘情，描述一個人獨自在遙遙他鄉，逢年過節不能回家團圓的這種心情，特別當想像到在家鄉兄弟正登高插茱萸的景象，思鄉之情更濃郁而真切！此詩可與李白的〈靜夜思〉中的「舉頭望明月，低頭思故鄉」或白居易的〈西塞山懷古〉中的「共看明月應垂淚，一夜鄉心五處同」併讀，都是情景交融的好詩。

　　學習單 03 (三)〈鞋〉這首詩描寫的是何事？何物？何情？何理？何景？是應該先把握的重點。這些事、物、情、理、景有何特色？傳達出什麼意義？有什麼優美的句子？自己有沒有類似的經驗？

【練習 3-8-1.1】找出詩的特色、意義並回應自己的類似經驗㈠

說明：請根據學習單 03 ㈢填答。

詩名：鞋	說明（事、情、景、理）	特色	意義	類似經驗
事				
情				
景				
理				
優美詞句				

【練習 3-8-1.2】找出詩的特色、意義並回應自己的類似經驗㈡

說明：請根據學習單 03 ㈠填答。

詩名：勞勞亭	說明（事、情、景、理）	特色	意義	類似經驗
事				
情				
景				
理				
優美詞句				

問題分析 3-9：無法聯想或缺乏感受

　　詩詩常畫不出來詩句的相關圖畫，顯示詩詩無法理解詩的意涵，也無法由詩詞中發揮感受力、觀察力與聯想力。

策略 3-9-1　由生活經驗及詩中生動意象觸發感受力、想像力與創造力

　　詩有優美的意象，所謂「詩中有畫，畫中有詩」，讀詩時腦海中自然浮現豐富的畫面，由畫面感悟出其中深刻的意涵與趣味，就是詩的意象，所以要充分運用感官：視覺、聽覺、味覺、嗅覺、觸覺等。中年級孩童在認知階段是具體運思期，所以要從身邊生活經驗中具體的事物開始，就近取譬，賞析時可以配合繪圖，請同學讀完學習單 03 ㈣王維的〈竹里館〉或㈤詹冰的〈插秧〉後，將詩中的景象畫出來。

　　詩的生動意象將抽象的思維具體形象化，彰顯詩想、詩趣與詩意，讀詩時不要只強調詩字句與意涵的理解與分析，應鼓勵孩子充分自由聯想，可垂直聯想，亦可水平聯想。聯想可激發想像力與創造力，讓詩的意象與景象更具體與鮮明。當然，創造孩童豐富的生活經驗很重要，可以帶孩童親自去觀察蝸牛、蜘蛛或螞蟻，也可以利用視聽媒體，如圖片、錄影帶、影碟、錄音與多媒體，讓孩童擁有觀察實物與景象的經驗，如「『星垂平野闊，月湧大江流』讓你聯想到什麼？」若無類似經驗，是很難產生生動意象的。

【練習 3-9-1.1】垂直聯想練習

說明：請練習垂直聯想（將相關事物或循一方向將觀念串聯起來，是從屬關係）。

事物	垂直聯想
雲	雲—天空—雨滴—小草—
樹	樹—氧氣—大氣層—紫外線—癌症—環保—
蜂蜜	

【練習 3-9-1.2】水平聯想練習

說明：請練習水平聯想（將原本不相關的事物或觀念串聯起來，是對等關係）。

事物	水平聯想
雲	雲—小船—漂泊—
樹	樹—鳥—自由—
游泳	

策略 3-9-2 由生活經驗及詩中優美音韻的感知觸發感受力、想像力與創造力

　　詩是音樂性的語言，有動人的音韻與節奏之美，非常適合以朗讀方式欣賞，朗讀時可一人朗誦、全班齊讀或輪讀，因很多詩作常用摹（擬）聲修辭，唯有透過聲音才能彰顯出詩的聲韻美和趣味來。如楊喚的〈花〉：

花

叮吟吟，叮吟吟，

鈴蘭花搖響一串串小鈴子；

嗚啦啦，嗚啦啦，

牽牛花吹起一隻隻小喇叭。

【練習 3-9-2】摹寫法練習

　　說明：請參閱學習單 02，找出摹寫句，包括主觀的視覺、聽覺、嗅覺、味覺、觸覺等感受。

找出摹寫句	視覺、聽覺、嗅覺、味覺、觸覺
小蝸牛	
流星	
花	

策略 3-9-3　了解詩的格式

　　當老師上到唐詩時，開場白常常是一大堆規則：字數、句數一定，五字一句稱五言，七字一句稱七言，一首四句稱絕句，一首八句或八句以上稱律詩，偶數句尾要押韻，講求平仄、對仗……，哇！詩好難噢！興致全給嚇跑了！但是若不先教這些呢？其實唐詩結構嚴謹，現代（童）詩自由，可以試著讓孩童自己去發現，由廣泛閱讀中比較，或分組討論其異同，自行建構出這些知識，再整理在黑板上。

【練習 3-9-3】比較唐詩與現代詩

說明：請參閱學習單 03，比較分析唐詩㈠、㈡、㈣與現代詩㈢、㈤的異同。

	唐　　詩	現代詩
字數		
句數		
句型		
句尾		

策略 3-9-4　了解詩的語言與用字

詩是精鍊的語言，用很少的字表達出很豐富的意思。當散文寫著：「一邊煮茶、喝茶，一邊欣賞山水風景。」詩就會寫著：「**用山水把風景煮出來**」（商禽〈茶〉）；當散文寫著：「獨自一個人住在離家很遠的地方，每到過年過節的時候，看到別人全家團圓歡樂的樣子，就會特別想念家鄉的親人。」詩就會寫成：「**每逢佳節倍思親**」（王維〈九月九日憶山東兄弟〉）。詩的用字語言要精鍊與優美，就要充分應用修辭，亞里斯多德提出修辭的三大原則是：用比（譬）喻、用對比、要生動。

策略 3-9-5　了解譬喻法

譬喻就是打個比方，是「藉彼喻此」的方法。老師可引導學生多做分析：例如〈鞋〉一詩中將大大小小的鞋譬喻成大大小小的船。

【練習 3-9-5】譬喻法練習

說明：請參閱學習單 02 找出詩中的譬喻句。

詩名	譬　　喻
眉	
流星	
家	

策略 3-9-6　了解擬人法

　　擬人法就是轉變事物的本質，將物當人來寫。老師可引導學生
多做分析：例如〈流星〉一詩中將天上的流星擬人化成提燈的小姑
娘；〈鞋〉一詩中將大大小小的鞋擬人化成老老少少的一家人。

【練習 3-9-6】擬人法練習

說明：請參閱學習單 02 與學習單 03 找出詩中的擬人句。

詩名	擬人句
小蝸牛	
家	
流星	
勞勞亭	
鞋	

策略 3-9-7　了解對比法

對比法就是將相反的事物或事實對列起來，相互比較，使意義更鮮明，印象更強烈。老師可引導學生多做分析：如〈九月九日憶山東兄弟〉一詩中，王維以異鄉一個人過節的孤獨對比家鄉兄弟們團圓登山插茱萸的熱鬧，更突顯思念家鄉與親人的情懷。

【練習 3-9-7】對比練習

說明：請參閱學習單 02 與學習單 03 找出詩中的對比句。

詩名	對比句
小蝸牛	
家	
搖頭丸	
九月九日憶山東兄弟	

策略 3-9-8　了解生動的意涵

　　詩的生動意涵就是詩中有關動作、特色、色彩、聲音、形狀、表情或互動的誇張或放大的描寫。老師可引導學生多做分析：例如〈眉〉一詩中以鳥的翅膀譬喻眉毛，而將哭或笑時眉毛的緊縮或舒展動作生動而趣味的描繪為「哭和笑間飛翔」。

【練習 3-9-8】生動句練習

說明：請參閱學習單 02 與學習單 03 找出詩中的生動句。

詩名	生動句
眉	
流星	
家	
搖頭丸	
九月九日憶山東兄弟	

參考資料

宋筱惠（1994）。兒童詩歌的原理與教學。台北：五南。

李宗蓓主編（不知年月）。小學生每日一文——中年級。台北：捷
　　英社。

杜淑珍（1997）。小學生寫作知識的理論與實踐。高雄：復文。

杜淑珍（1998）。小學生文學原理與技巧。高雄：復文。

洪志明（1999）。讀詩歌、學作文。台北：小魯文化。

陳幸惠（2003）。小詩森林：現代小詩選。台北：幼獅。

蕭奇元（1995）。作文的好導師（上）（下）。台北：富春文化。

我可以
　　學得更好（中年級版）

98

基礎作文

陳鳳如

人們用來表情達意的工具最主要有兩種：一種是說話，另一種就是作文。在我們很小的時候就已經學會說話，至於說得好不好則是另一回事，但大部分的人會覺得說話較不困難，可是作文就不同了。我們得先學會寫字、使用詞句、懂得表達自己的想法、感受事物的道理，並能將這些技能加以統整運用，再加上一點創意，才能寫出一篇好文章。所以作文對許多人來說，就有很大的困難了。

對學齡的孩子來說，寫作即探索，是一神奇的表現領域，它讓孩子透過字詞表達每天生活的喜悅和苦痛，幫助孩子探索內在的自我。一些文字、句子的鋪陳，就好比用蠟筆在著色一樣，是孩子個人視覺經驗的展現，表達他對這個世界的知覺。孩子每天的生活透過視覺、聽覺、味覺、嗅覺和觸覺在不斷的感覺，在孩子的心中、腦中，期待運用語文轉換這些訊息為經驗，使其對孩子或他人而言，成為一種有意義的、智慧的累積。

因此，寫作是一種能力，任何一種能力都需要經過學習，不是憑空而能的，寫作亦是如此。很多家長常因放棄對孩子寫作能力的培養，而令其喪失了選擇院校或生涯的機會。培養寫作的基本技能既是如此重要，那麼該如何培養及提升孩子寫作表達的能力呢？以下將從案例的概述、問題的分析與診斷著手，進而擬出一些有效的解決策略，提供家長、老師們參考。

案例一：玲玲

不知道從什麼時候開始，玲玲越來越討厭作文了。每到了週休二日前夕，老師總會出一個題目，讓同學寫篇文章，名之為「生活週記」。玲玲總是先寫完其他功課，餘下這篇生活週記慢慢磨蹭，咬著筆桿、搜索枯腸，怎麼也擠不出東西來，直到非不得已，才勉強拼拼湊湊的硬寫出些東西。久而久之，不管老師出的寫作題目是什麼，都令玲玲害怕寫作，即便是自由命題，也總讓她為了想出個好寫、能寫的題目而耗去了大半天。

綜合問題診斷

像玲玲這樣討厭寫作、害怕寫作的學生，大有人在。根據調查研究顯示：寫作已成了多數學生最感頭痛的事了。大部分的學生，除非老師要求他寫作文章，否則他是不會自己主動寫作的，此即涉及寫作的興趣與寫作動機的問題了。

問題分析 4-1：從不知如何下筆到害怕寫作

很多學生從小就缺乏一個營造其樂於表達及寫作的環境，也未嘗到塗鴉、寫作以宣洩及表達的樂趣，更沒有經驗過自己的作品被發表或出版的成就感，也沒有人引導他如何連結閱讀到寫作，因此，從原來不知如何寫作就變成了討厭及害怕寫作了。其實寫作的興趣是可以透過一些有效的策略，從小慢慢培養的。

以下提供一些培養寫作興趣及激勵寫作動機的策略。

策略 4-1-1　佈置一個良好的寫作環境

營造一個寫作環境，多給學生一些刺激或引導，讓寫作的溝通成為一種渴望，就像小時候的塗鴉、畫畫一般自然，讓學生盡其享受、樂在其中。所以，在家中或學校，父母及教師可以準備一些形式不拘的寫作紙張或標籤紙、一些色筆或蠟筆、黑板和粉筆、文字書和字典、一張書桌或旋轉椅、各式圖章和印泥、剪刀和漿糊等，佈置一個可以自由創作及塗鴉的角落，讓孩子或學生隨時可利用色筆或蠟筆，隨興的彩繪其所知與心情，畫下或寫下圖文並茂的有趣小品，或者從報章雜誌剪貼圖畫、文字，拼貼出自己喜歡的創作。如此一來，已成功的營造一個可以自由創作的寫作工作坊了。

策略 4-1-2　從塗鴉到寫作

寫作就像塗鴉、畫畫一般，一些文字、句子的鋪陳就像用蠟筆在著色一樣，是個人視覺經驗的展現，表達他對世界的知覺，亦是一種經驗的恆久記錄，透過文字和句子捕捉，保持當下之語言的本質。在孩子初期寫作的誘發，教師要企圖讓圖畫和文字產生連結，例如要求學生在圖畫上寫下一、兩個文字的說明，或鼓勵學生說明其所畫的圖，或描述圖中的故事或事件，從圖畫的標題，到敘寫一個段落的說明或畫中的故事情節；或者運用剪刀、漿糊和句子，從報章雜誌裡剪貼圖畫、文字做拼貼，到其自己能用筆寫字，漸次培養其塗鴉及寫作的習慣和興趣。

孩子早期的塗鴉，最怕不小心的問話灼傷其稚幼的心靈和感情，例如問：「這是什麼？」、「為什麼？」等，或問問題的時候顯得不耐煩和給予建議。尤其寫作初期，孩子學著寫，不要挑剔及糾正，要持續抱持肯定、積極的態度，以免澆熄了他寫作的樂趣。

策略 4-1-3　激勵寫作的動機

　　寫作教學的最終目的是要能讓學生自主的、樂意的去寫作，亦即培養強烈的寫作動機。寫作興趣的培養像所有的教育目標一樣，是無法速成的。在家中，藉由寫標示、便條或書信，以及寫親密小語、生日卡給家人的機會，營造一個孩子非寫不可而且渴望寫的情境。

　　另外，父母亦可設定一舒適、愉快的時間，在無嘲諷、批評的氣氛下，讓孩子分享他們的經驗。開啟話匣的問題如：「你今天在學校做些什麼？」、「你今天在外面做些什麼？」、「你在公車上和誰說了話？」等，透過這些談話幫助孩子從生活中之複雜事件成長的機會。所以，所問的問題最好能喚起孩子回憶其感官經驗、描述細節，如：顏色、聲音、味道、行動、時間……等，令聽聞者亦如親眼目睹，以發展孩子精確的用辭。漸漸的，孩子能描述他的經驗了，你也需要開始提出一些具有創意的問題，歷經兩、三年的時間，孩子會發展出敏銳的觀察力，這有助於創造性的寫作。如果孩子仍無法真實的描述細節或精確的時刻，父母可以先做示範，像說故事般生動的描繪，改變聲調、增加動作、賦予表情等。切記，孩子的生活經驗是創作表現的核心，醞釀及引導有效的寫作氣氛即是：從談話、傾聽到寫作的歷程。協助孩子無時無刻寫下生活片段，開來無事時，回味這些片段當下的經驗，特別顯得鮮明、特定及精確，也可成為往後寫作的素材，所以最好培養創造性寫作的素材就是：自傳或日記，從孩子熟悉、樂於寫、能夠掌握的題材中去教導孩子寫作的技巧。

策略 4-1-4　提供一個發表的園地或出版的空間

　　若在家中設計一個作品展示板，展示孩子寫作的成品或在學校有一個公佈及發表的空間，甚至協助孩子將其不錯的作品刊登在學校的刊物上，或是投稿至報章雜誌上的兒童版，這對孩子來說，具有莫大的鼓舞作用。此外，教師可不定時的在班上舉行寫作成果發表會，提供學生互相觀摩、欣賞及評鑑他人作品的機會；教師也可協助學生出版自己的班刊，一者開創自己作品的發表園地，一者也在訓練及培養學生編輯、修改及創作、發表、出版的能力。

個案二：英英

老師出了一個作文題目讓英英帶回家寫，題目是：「媽媽的拿手菜」。英英左思右想，就是下不了筆，不知如何開頭，亦不知寫些什麼才是重要的，尤其她從來沒有好好看過媽媽是怎麼做出這道菜的，所以更無法深入的描寫細節，對這道菜也就沒有個人深刻的感受。後來英英勉強寫了：「**媽媽的拿手菜是糖醋排骨。媽媽先將排骨醃一醃，再拿去炸，而後加上一些佐料，就成了一道好吃的糖醋排骨了。吃起來，味道好極了。**」

綜合問題診斷

像英英這樣，拿到一個作文題目後，遲遲下不了筆，或寫沒幾個字就沒東西可寫的例子，大有人在。其主要原因有：

▶▶ 對寫作題材完全沒有經驗或無法從長期記憶中提取相關的訊息，所以沒有寫作素材可寫。

▶▶ 躊躇於開頭不知如何寫，遲遲不敢下筆。

▶▶ 未曾親身參與或僅略知一二，無法深刻描述過程的細節或產生情感上的共鳴，所以寫起來索然無味。

問題分析 4-2：對寫作題材經驗不足

我們對於寫作的題材若不熟悉，甚至沒有經驗，即使有再好的寫作技巧，仍然寫不出好東西，就像「巧婦難為無米之炊」一樣的不可為。

策略 4-2-1　「問題引導」策略

老師可透過問題引導以檢視寫作的困難所在，探討學生對寫作素材的熟悉程度。如：問學生「是否看過媽媽做這道菜？」、「是否吃過這道菜？」、「是否曾細細品嚐？」、「那你是如何寫出來的呢？」等問題。學生能回答：「看過」、「吃過」，但都只是光憑模糊的印象所寫，文章不但寫不長，而且內容也寫不深入，還會犯許多常識性的錯誤，像前述英英所寫的文章那樣，讀者絕對體會不到「味道好極了」的感受。至於文章究竟還有哪些寫作上的困難，可鼓勵學生親身去體驗及觀察，自然就會發現自己寫作內容上的問題了。

策略 4-2-2　「觀察」、「體驗」策略

學生雖然看過、吃過媽媽的拿手菜，但從來沒有仔細的觀察或體驗過，光是粗略的觀察，或是印象久遠、記憶模糊，都是不行的。最好能跟著媽媽動手做，重新細細的品味一番，自有不同的體會。有時先動手做一做，親身的經驗加上感性的體會，寫起來就會顯得準確、具體，甚至入木三分。所以鼓勵學生多去觀察、體驗，是豐富寫作素材的不二法門。

【練習 4-2-2.1】視覺觀察及體驗活動

活動一說明：教師引導學生兩兩面對面，把對方仔細觀察一遍；然後背對背，把自己從頭到腳改變三個地方，再面對面，互相考驗對方是否能找出自己改變的地方。

活動二說明：教師帶學生到校園撿取一片「破舊，有許多痕跡在上面」的落葉，並引導學生針對葉片的顏色、形狀、葉子正背面摸起來的感覺、葉脈分布的情形及其他特徵做觀察。

【練習 4-2-2.2】聽覺的體驗活動

活動一說明：教師引導學生閉上眼睛，仔細聆聽周遭的聲音五分鐘，然後記下所聽到的所有聲音。

活動二說明：教師要求學生閉上眼睛或趴在桌上，請一學生發出聲音，讓其他學生猜猜是誰在說話，然後詢問猜對的學生為何能正確猜出，並請其描述該生的聲音特質。

【練習 4-2-2.3】觸覺的體驗活動

活動一說明：教師事先準備箱子，箱子內先裝一些東西。請學生把手放入箱中，藉觸覺去感受，一邊說出摸起來的感覺，一邊猜猜可能是什麼東西。

活動二說明：教師引導學生透過摸起來的感覺不同，辨識太白粉、番薯粉、麵粉、油炸粉等。

【練習 4-2-2.4】嗅覺的體驗活動

活動一說明：教師引導學生透過嗅覺，辨識出酒、醋、油、水、糖水、鹽水等。

活動二說明：每個地方都有它獨特的味道，譬如：醫院、麵包店、書店、花店、化妝品店、雜貨店、廚房、公共廁所、動物園等。教師引導學生描寫上述地點特有的味道，然後讓學生就同學的描寫，猜猜看是什麼地方。

【練習 4-2-2.5】五官感覺的體驗與分析活動

說明：教師引導學生分析下列短文，看看哪個觀察及體驗是用聽的，哪個觀察及體驗是用看的，哪個是用摸的，哪個又是用聞的，做視覺、聽覺、嗅覺、味覺、觸覺等五種感官的描寫練習。

(一)〈看病〉

　　有一次，我生病了，媽媽帶我到醫院去看病。一到醫院，醫生用那冰冷的聽診器（____覺），往我溫熱的身上一擺（____覺），好像一塊冰塊貼在我的胸前。醫生聽過後，拿出一枝閃閃發光的針筒（____覺），還帶著濃濃的酒精味（____覺），忽然我「呀！」的叫了一聲，手臂被刺了一下，好像觸電似的難受（____覺）。

(二)〈剛出爐的麵包〉

　　黃澄澄（____覺）、熱騰騰的（____覺）麵包出爐了，不斷冒出濃濃的、香香的（____覺）煙氣，還吱吱（____覺）的作響，用手抓一小塊放進嘴裡，酥酥的、甜甜的（____覺），十分可口。

【練習 4-2-2.6】綜合五官感覺的體驗及寫作活動

說明：教師引導學生對生活周遭的各種事物用心去感覺，將眼、耳、手、鼻的感覺記錄下來，配合作文課的寫作題目蒐集所需要的資料。教師提示學生，例如：星期假日利用機會陪媽媽上菜市場買菜；下課時走在教室外、操場上或合作社裡，注意一下看到了什麼景物，聽到什麼聲音，摸到了什麼東西，聞到了什麼氣味……等，把它一一記錄下來。

問題分析4-3：躊躇於開頭，遲遲不敢下筆

　　作文的開頭難，往往不是寫不出開頭，而是求好心切，非得有個完美的開頭或驚人的起始不可；或者千言萬語不知從何說起，或者千頭萬緒理不出一個頭緒來，或者長久以來對寫作的心理障礙，因而害怕寫錯或寫不好。於是，一次又一次的開頭、一次又一次的擦掉重寫，花了許多時間，仍寫不出個所以然來。所以說「萬事起頭難」，用在寫作真是一點都沒錯。

策略4-3-1　「彈性變通」策略

　　不管是力求完美、千頭萬緒或害怕寫作，而遲遲寫不成開頭的情況，破除此種「躊躇於開頭，遲遲不敢下筆」的寫作障礙，宜使用一些彈性變通的策略。歸納言之，其克服方法有二，一者彈性變通，先寫好主體，再回頭補寫開頭；一者減低機械負荷，破除力求完美的迷思。

　　寫作並不一定要完全按照「開頭—正文—結尾」的順序，有時可以彈性變通，先寫好主體，再寫開頭。對寫不出令自己滿意的開頭或思路千頭萬緒的學生來說，先寫正文，邊寫邊整理思緒，待文章的主體部分起草成功了，再回頭補寫一個能概括全文的主要內容或核心議題的開頭，自然就不難了。

　　另外，對於初學寫作的學生而言，沈重的機械負荷，是另一項讓他們遲遲下不了筆的原因。安撫這類學生的害怕及機械顧忌，可提醒其不必太在乎標點、文法、寫作格式或寫錯字詞，對於不會寫的字、詞，可以讓他們先用注音取代或甚至暫留空白。

問題分析 4-4：對寫作題材無法產生情感上的共鳴

　　有些時候，學生不是沒有寫作素材方面的體驗與認識，但寫來就是索然無味、交差了事。常見的情形是：遇到自己不愛寫的題目，消極的態度是敷衍了事，從字裡行間就可以看出學生對此題材不感興趣，所以情感上顯得格格不入，是為了「交差」才寫的。

策略 4-4-1　「確立觀點」策略

　　對一個以往不感興趣的題材，老師可鼓勵學生試著去接觸它、了解它、研究它，和它多打交道，從而培養對此事物的感情或認知，寫作者才能逐漸確立自己抱持的觀點，而不管論點是肯定或否定，都才能寫得具體、充實。或者透過與此主題有興趣的同儕之對談及交流，亦可促使其想法的改變或有不同的視點。

個案三：強強

強強的文章雖然有主旨，也能分段，卻總是三言兩語，內容過於貧乏、草率，搜索枯腸，仍是擠不出什麼內容。這樣的文章就像是發育不良的樹，一點兒也不美觀。如果教師要求他再多寫些，他也只能堆砌一些文字，對文章的品質及內容的充實來說，一點幫助也沒有。例如強強寫「我的爸爸」，他寫的內容是：

> 我的爸爸長得不高也不矮、不算胖也不算瘦，屬於中等身材。
>
> 他的個性慈祥中帶一點威嚴。說到他的興趣，可是多方面的呢！爸爸平常要上班，加上從事一些自己有興趣的活動，所以他非常的忙碌。爸爸做什麼事都很有恆心，總是有頭有尾，所以他樣樣事都做得很好。
>
> 爸爸希望我做一個有用的人，他時常對我說：「要做一個有用的人，做事一定要有恆心，要不然長大了只好去做苦工。」

綜合問題診斷

一篇完整而內容豐實的文章，就是一棵發育完全、枝葉茂密的樹，文章主旨是樹幹，各段落的組織結構是樹枝，而文字或詞語就像是樹葉。強強寫的「我的爸爸」，既寫了爸爸的長相，也寫了爸爸的個性及興趣，更提到了爸爸做事的態度，但讀完後卻仍讓人對他的爸爸印象模糊，主要的原因是：內容平板無奇。他描寫爸爸的長相缺乏獨特性及應有的特徵，可能是因為平日少有和爸爸相處的經驗，也未曾仔細觀察過爸爸；描寫既不深入也不細膩，例如寫到爸爸的個性、興趣及做事的態度，都未具體舉例或從生活事例著手，

所以無法給讀者留下深刻的印象。此外，他描寫爸爸的角度及提到的觀點，就像一般作文範本寫的，流於形式的八股文。

　　像強強這類學生的文章問題在於閱讀書籍太少或懂得的詞彙不多，寫起文章來終究腸枯思竭，以致文章的立論觀點不夠多元、內容不夠深入、描寫不能細膩、文思無法靈活。

問題分析 4-5：詞彙貧乏或閱讀書籍太少

　　有為數不少的學生，他們寫作的問題乃源於閱讀書籍太少或懂得的詞彙不多，以致有關寫作題材的內容總是輕描淡寫、三言兩語就交代完畢，當然就寫不出好文章了，這就是為什麼低閱讀能力者也往往成為低寫作能力者的原因了。

策略 4-5-1　「多看、多讀」策略

　　「多看、多讀」一直是鼓勵學生提升寫作能力、豐富寫作素材的不二法門，其主要目的在於鼓勵學生透過「多看、多讀」，豐富學生的詞彙和增加學生長期記憶中可提取的訊息。因此，對初學寫作者，老師的命題不妨從學生既有的經驗出發，擬訂其熟悉或具有經驗的題材，而後再漸次擴展其生活經驗。在寫作前，教師可先行安排一些閱讀活動，或帶學生參觀、旅遊，或透過同儕的分享、書面資料的蒐集，獲取豐富的素材和詞彙，而後再進行寫作，自可解決學生此方面的問題。

問題分析 4-6：寫作內容不夠深入、描寫不能細膩

　　寫作內容不夠深入、描寫不能細膩，是一般寫作者常犯的通病，歸結其原因不外乎對日常生活的人、事、物，未能選用適當的詞彙加以深刻的描寫，所以寫出來的內容自然無法深入、細膩，甚或缺乏個人獨到的見解與感受。

策略 4-6-1　「小題大作」策略

　　對於此類寫作內容不夠深入、描寫不能細膩的學生，老師可訓練他們運用詞彙對事物做細膩的描寫。首先讓他們試著從小範圍的題材，強迫其善用詞彙仔細的刻畫、多方的描述，內容就能深刻些。另外，從字、短語到句子，再將句子拉長的訓練，試著讓學生透過句子接龍的遊戲，學會靈活運用文句，進而能將句子加以修飾及精緻，意思表達當然就更完整，文章內容亦隨之更形豐富。此乃「從小處著眼、從大處著手」的小題大作策略。

【練習 4-6-1.1】誰是最好的字詞？

說明：教師協助學生從 Ⅰ、Ⅱ到Ⅲ，從籠統到具體，學會精確選用適當的字詞。

Ⅰ	Ⅱ	Ⅲ
蔬菜	葉菜類	空心菜
白色的	液體狀飲料	牛奶
交通工具	行駛在水中	＿＿＿
在空中	七色橋	＿＿＿
水果	＿＿＿	＿＿＿
動物	＿＿＿	＿＿＿

【練習 4-6-1.2】誰是最佳動作詞？

說明：教師利用一些意義相近的動作動詞，例如：挪動、蠕動、走、漫步、匍匐、跑、跳、蹦跳、輕躍、雀躍、急趕、跌倒、滾落……等，協助學生區辨這些類似動作的不同，並學會根據情境的描述選用適當的動作動詞。例如：

石頭	＿＿＿＿
小鳥	＿＿＿＿
兔子	＿＿＿＿
蟲蟲	＿＿＿＿
阿兵哥	＿＿＿＿
情侶	＿＿＿＿

【練習 4-6-1.3】誰來加油添醋？

說明：請學生從「字詞」開始，增加顏色的描述，再增加觸覺或味道的描述。

例如：花 → 紅色的花 → 一朵聞起來香香的紅花……等。

　　　雲 → ＿＿＿＿＿＿ → ＿＿＿＿＿＿＿＿＿＿＿＿＿

【練習 4-6-1.4】句子鬆緊帶

說明：透過接龍的方式，讓學生把短句逐漸加長，增加對字詞或所描寫的事
　　　物有關顏色、聲音、味道、摸起來的感覺、時間、地點及精確細節描
　　　述的文字，就像在玩文字或句子的堆積木遊戲一般，讓原先簡單的字
　　　詞，透過此活動而裝點成華麗且豐富的句子或短文。

例如：花→紅色的花→一朵聞起來香香的紅花→這朵聞起來香香的紅花，摸
　　　起來的感覺很柔嫩→這朵聞起來香香的紅花，摸起來的感覺很柔嫩，
　　　花瓣上還裝點了些許的露珠，看起來嬌豔欲滴→……

　　　此外，也可利用故事接龍、猜謎語等遊戲，來訓練學生細膩描寫的能力，
以補救「寫作內容不夠深入、描寫不夠細膩」的問題。進一步，教師還可以
利用以物擬人或以人擬物的策略，訓練譬喻修辭的技巧，如：她跑起來像什
麼、他吃起來像什麼、這風吹起來像什麼、這部車發動起來像什麼……等，
讓描寫的內容更生動。

問題分析 4-7：陳腔濫調、老生常談

　　有些學生寫作的問題不是寫不出來，而是寫不好的問題，亦即寫作內容「陳腔濫調、老生常談」，這是寫作的另一問題。這樣的學生通常寫來平鋪直敘，內容平淡無奇，像一攤堆砌的文字，其或是模仿作文範本，或是抄襲老師或同學的意見，既沒有自己的感受，也沒有個人的觀點。

策略 4-7-1　「推陳出新」、「轉折出奇」策略

　　文題是文章的眼睛，好的文題能給人新奇的感覺和深刻的印象，使讀者產生「一睹為快」的欲望。因此，如何擬出醒目、新穎、富創意的題目便顯得重要。老師可以從讓學生練習為文章內容擬訂一新奇的題目著手，鼓勵大膽創新，活絡學生的思路。此外，聯想力訓練、創意思考是不可少的活動，而改編故事或改寫文章，以及詩體的創作，亦可誘發學生的另類思考。而老師在寫作教學介入的方式，亦要能推陳出新，例如：聽音樂寫作文、說故事學作文、校園寫生、看影片寫心得等，多樣變化，較能激發學生新奇的寫作內容。

個案四：多多

多多寫作文章時，想到哪兒就寫到哪兒，尤其想得到的材料必定全部採用，將蒐集到的資料一一寫出，其認為：文章寫得多而長，就是「好」。例如寫作題目是「下雨天」，他寫道：

> 一陣陣的閃電，好怕人哦？
>
> 打雷的聲音，一陣一陣繼續的不停的響，雨就下來了。
>
> 在下著雨的天氣裡，我們去學校的路上有好多的坑洞，坑洞裡都積滿了水，地上也滑滑的，稍微不注意不小心，就會跌倒，弄得滿身污泥。
>
> 下課時，也不能到操場去做遊戲，躲在教室裡，真叫人難過。所以我很討厭下雨天。
>
> 可是，有時候，我也有點喜歡下雨天。因為下雨天不必升旗，而且下過雨以後，有很多好玩的事，有時還會出現美麗的彩虹。這時候我又覺得下雨天真好！

綜合問題診斷

多多的寫作，往往是跟著感覺走，腦海中的思維是：這個題目我知道什麼，就全部寫出來。這種思維方式寫成的文章，容易犯「流水帳」的毛病，材料之間缺少聯繫，甚至互相牴觸，內容雖多，卻顯得龐雜，讀來乏味。其主要的原因是：

➠ 想寫得多些，卻不管內容是否切合主題或彼此相關聯。

➠ 下筆寫作前未有事先規劃的習慣，例如先寫什麼、接著寫什麼、再來寫什麼的構思。

➠ 缺乏審題的功夫，因此對於題目的核心重點未能鎖定清楚，寫作內容往往離題。

問題分析 4-8：貪多誤得、內容龐雜

　　有很多學生寫作的習慣就是：把蒐集到的資料全部用上，不加以編刪、修改，內容流於龐雜。

策略 4-8-1　剪裁得宜，好功夫

　　俗話說：「巧婦難為無米之炊」，擁有材料是寫作的第一步準備工作。蒐集材料正如韓信點兵——多多益善，但如何把龐雜的資料及寫作的內容去蕪存菁，則是寫作進一步的功夫了。此功夫最重要的策略乃是協助學生確立好自己寫作此篇文章的中心思想是什麼，各段想表達的主旨又為何，根據這兩個重點裁決，凡與中心思想無關的材料，即使再精采，也要忍痛割愛，予以刪除。餘下可以表達中心思想的材料，再依敘寫的先後安排於各段落，分別於各段中予以詳寫，其餘則從略或去除。

問題分析4-9：纏綿一家、糾結不清

　　有些學生寫作的文章，從頭至尾就是一段，或任意分成三段，各段之間既無層次，彼此之間也沒什麼關聯，似乎哪段先寫、哪段後寫，也都無所謂，讀來節奏鬆散、印象模糊；或是正反意見夾雜，東拉西扯，內容顯得雜亂無章。

策略 4-9-1　段落分明，好結構

　　撰寫文章之初，寫作的計畫功夫不可少。寫作計畫就像建築的藍圖一樣，規劃清楚文章的中心議題及各段落的大綱，而後依時間發生的順序或空間遠近，抑或正反的兩面議題，一一敘寫，層次分明、環環相扣的將蒐集到的資料歸於各段中，自然寫來結構井然。

【練習 4-9-1】文章的排列組合

說明：教師提供一篇被拆解且次序弄亂的文章，要求學生讀完以後，試著幫它重新組合成一篇次序井然、條理分明的文章。

範文：〈我的好朋友〉

☆對了！我還沒有告訴各位，她的名字叫作黃美惠。

☆她的功課很好，每次考試都名列前茅，不是第一就是第二。如果我有不懂的問題請教她，她都會耐心的講解給我聽，直到我明白為止。所以我很尊敬她、喜歡她。

☆我的好朋友有兩個水汪汪的大眼睛，高挺的鼻子，黑黑的秀髮，綁著兩條小小的辮子，模樣非常討人喜歡。

☆她下課常找我一起出去玩，我也喜歡和她一起做功課，我們就像親姊妹一樣，相親相愛，幾乎形影不離。

☆「大眼睛」是她的綽號。她的人緣很好，班上的同學都很喜歡和她做朋友。

※以上的幾段文字順序被弄亂了，請你重新為它排列組合，組成一篇完整的文章。

問題分析 4- 10：輕重不分、偏離主題

　　有些學生寫作時，只就自己所知、所感、所想的寫，未切中題目的核心，容易使文章偏離了原先的主旨，以致重點沒寫到，卻寫到枝微末節了。

策略 4-10-1　扣緊主題，好伸張

　　在寫作的歷程中，隨時檢視自己的寫作內容是否符合題目的主旨及本段的大意，如：撰寫「談讀書」一文時，隨時扣緊要表達的到底是讀書的樂趣，還是讀書的痛苦，申述讀書樂時，切勿寫到讀書的苦惱；同理，寫到讀書的痛苦時，也不要又提及讀書的快樂，免得文章議題混淆而偏離核心主旨。如果想要文章能從正反兩面都有所申述，那麼不妨分別於不同段落中分開辯明。

【練習 4-10-1】替文章治病

說明：教師提供短文一篇，要求學生仔細閱讀此篇文章，並把認為不適當的
地方做些修改（亦可讓學生互相討論、辨正），例如：文題不符、分
段不當、文意前後矛盾、用詞不當、標點不正確、錯字等。

範文：〈下雨天真好〉

一陣陣的閃電，好怕人哦？

打雷的聲音，一陣一陣繼續的不停的響，雨就下來了。

在下著雨的天氣裡，我們去學校的路上有好多的坑洞，坑洞裡都
積滿了水，地上也滑滑的，稍微不注意不小心，就會跌倒，弄得滿身
污泥。

下課時，也不能到操場去做遊戲，躲在教室裡，真叫人難過。所
以我很討厭下雨天。

可是，有時候，我也有點喜歡下雨天。因為下雨天不必升旗，而
且下過雨以後，有很多好玩的事，有時還會出現美麗的彩虹。這時候
我又覺得下雨天真好！

- 請注意：以上文章有九個不恰當的地方，不要多改，也不要少改。
- 參考答案：

  1.題目改為「討厭的下雨天」、「我不喜歡下雨天」等；2.「一道道」的閃
  電；3.好怕人哦「！」；4.「繼續的」去掉；5.「一陣一陣繼續的不停的響」到
  「雨就下來了」，這中間應加些合理的描述，如「轉瞬間」、「過了不久」或
  「突然」等；6.「稍微不注意不小心」的「不小心」去掉；7.「可是，有時
  候，我也有點喜歡下雨天……」，與不喜歡雨天之想法相牴觸的部分則去掉；
  8.重新分配段落，原來的一、二段或二、三段合併；9.再補述一段結尾。

結語

　　整體而言，有關中年級學生的基礎作文，首先著重在佈置一個良好的寫作環境，營造一個溫馨、愉悅的創作氣氛，培養學生主動且樂於享受寫作的趣味。

　　其次，在幫助學生蒐集及準備寫作的材料，並一一克服可能遇到的寫作障礙。當學生蒐集寫作材料已不成問題，或已擁有豐富的寫作素材時，接著便要進一步指導學生寫作計畫及編修、剪裁文章的功夫了。

　　總之，初學寫作首重「不怕寫」，著重培養寫作的興趣，此時，「寫出了什麼」、「寫得好不好」雖然也關心，但較不那麼強調；而後經過一段時間的培養，學生已能自由寫作了，漸漸的重點轉移到如何讓學生「寫得好」的技巧磨練及指導上。因此，從「不怕寫」、「能寫」，到「寫得好」，是中年級學生基礎作文的三個過程，三者循序漸進，比重互為消長。

我可以
　　學得更好（中年級版）

126

進階作文

柯志恩

個案一：子晴

　　子晴剛上小學三年級，功課在班上中等，國語科考試成績始終
維持在八十五分以上，雖不主動閱讀課外書籍，但閱讀理解能力仍
屬可接受程度。看到作文題目，即使是自己熟悉的題材，往往覺得
腦袋瓜裡的資料不知如何組裝，哪一個段落需要呈現什麼訊息，常
常抓不到主軸，最後落筆時，寫出的句型大都是簡單的敘述句或表
態句，文句和段落的連貫上，常有跳脫的現象，使整篇文章的層次
顯得相當貧乏。

> 　　她在一篇文章中寫道：我最喜歡的運動是羽毛球，我覺得
> 打羽毛球是一個好運動，如果我贏了幾場羽毛球賽，我就會很
> 高興，因為我覺得打了一場就想再打一場，上一次我就是第一
> 次打球我覺得很緊張，然後我哥哥就教我，然後我們就打得很
> 高興，最後我就學會打羽毛球，所以我覺得打羽毛球是很好的
> 運動⋯⋯。

　　子晴通常反覆出現上列寫作模式。下筆還算迅速，但整篇文章
的豐富性及要表達的訊息仍有極大的空間需要提升⋯⋯。

綜合問題診斷

➡缺乏對文章的構思能力，當想表達自己的感受時，無法在大腦中
　預做規劃，進而從長期記憶系統提取資料放到適當段落。

➡寫作常常停留在固定的慣性模式，空有基本架構但內容貧乏。

問題分析 5-1：
落筆前無法在腦中形成基本的文體架構

　　寫作是一連串的思維過程。學生在寫作時，會經歷以下階段：
題目 → 對題目的認識和感受 → 對題材的記取 → 寫前構思
→ 設計 （包括衍生意念和取捨意念、組織文章、起稿）→ 寫作
（包括開始動筆、預期、轉換、翻譯、修訂、暫停、注意風格及運
用修辭等）→ 回顧及修正 （包括最後複閱、重寫和結尾），學生
在每個階段均會遇到障礙，以子晴為例，她的閱讀理解雖屬可接受
程度，但缺乏構思能力，建構在腦海中的語言符號，例如字、詞、
句、句群、段落及篇章等，相當分離混亂，沒有一個組織架構，從
對題目的認識感受，到對題材的選用，無法藉由任何路徑在長期記
憶中搜尋到可用的資源，個人的意念當然沒辦法清楚的透過書寫系
統表達出來。

策略 5-1-1　運用故事結構策略，形成內容結構圖

　　除了單元四所提及的「問題引導策略」、「觀察、體驗策略」
外，要讓學生看到題目，能夠「筆隨心走」，需要幫助學生在腦海
中隨時擁有形成文章的基本架構。

　　面對中年級學生，教師可選擇結構完整的故事書，在學生獨自
看完或由老師口述後，能夠回答出以五大結構元素所形成的問題。

㈠人物為何？其特徵為何？對事情的反應？

㈡主要發生的地點？

㈢主要發生的事情？

㈣事情的經過。

㈤故事的結局。

　　藉由問題的導引，經過反覆練習，學生會形成文章的心智結構圖，了解一篇文章需涵蓋哪些元素，自然而然的在他的寫作中，會加入人物、地點、事件（包括開始、經過及結果）及人物的反應等元素，文章的豐富性自然會有所提升。

【練習 5-1-1】故事結構表

說明：各位同學，請熟讀文章後，完成下列表格，要仔細看清楚、想清楚喔！

　　海倫・凱勒在一歲多的時候，因為發高燒，腦部受傷，失去聽力與視力，眼睛看不見、耳朵聽不到，連話也說不出來，只能在黑暗中摸索。大家以為她這一生已經沒有希望了，幸好在她七歲那年，出現了一位蘇利文老師，從此改變了她的生命。

　　蘇利文老師用盡一切方法教導海倫・凱勒，讓她靠著觸摸了解世界。為了讓海倫接近大自然，老師帶著她在草地上打滾，在田野裡跑跑跳跳，又在泥土裡種下種子，讓海倫觸摸，感受種子漸漸發芽、成長的喜悅。

　　在蘇利文老師長期細心照顧與點點滴滴的指導下，海倫用手觸摸學會了手語，用點字卡學會了讀書，又用手觸摸別人的嘴唇，學會了發聲、說話。最後，她竟然克服了失明與失聰的障礙，完成了大學學業。

　　她知道如果沒有老師的愛，就沒有今天的她。於是她跑遍世界大大小小的城市，為殘障的人到處奔走，還寫了很多書，把老師給她的愛，散播給所有不幸的人，帶給他們光明和希望。

　　一九六八年，高齡八十七歲的海倫去世了。她終生致力服務殘障人士的精神，傳遍了全世界。海倫・凱勒的奇蹟，鼓舞了許許多多的人，使他們對生命重新燃起希望。　　　　　（出處：康軒版國小國語課本第七冊）

人物：這篇文章出現的人物有哪些？他們有何特別之處？

發生的地點及時間？

主要發生了什麼問題？ ← 文章中的人物有何特別反應？

你可想到的事情經過？有發生什麼小插曲嗎？

結局：最後的結果如何？

策略 5-1-2　強調口語敘說能力

　　面對像子晴一樣書寫能力動機薄弱的學生，教師一開始不需要給予太多認知負荷，以免增加其寫作壓力，可以請學生用口述的方式，先把幾大元素講清楚，再選擇其中幾項（如人物描述及結局等部分）用文字表達，依次增加分量，讓其慢慢能有效組織各個結構。

策略 5-1-3　善用團體互動力量

　　為了降低初始的寫作焦慮，教師可允許學生將團體共同討論的文章各元素用抄寫的方式進行。如果學生因文字過於抽象而對結構各元素無法理解，可以用演戲的方式，讓學生親身體驗何謂人物、情境（佈景）、主要事件（旁白）、事件經過（場次）、結局等（王瓊珠，2004），運用團體互動的力量，讓學生在沒有壓力的合作氛圍中，漸次融入文章結構元素於寫作歷程中。

問題分析 5-2：空有架構、內容貧乏

　　在問題分析 5-1 中提到學生在寫作歷程的各階段均會遇到困難，老師視學生的需要而給予不同程度的支援。子晴下筆雖迅速，但永遠反覆幾個固定的寫作模式。中年級學生會「慣性」的就近取用他所熟悉的字詞、句型來拼湊內容，花費大部分的心力在尋找可用的文字、標點、文法及其他機械歷程的寫作形式，大腦沒有空間做高層次的計畫、佈局及產出，以致減少對文章結構、邏輯等整體性問題的注意。以子晴為例，她所寫的文章在文字等機械歷程方面很正確，但卻缺乏和諧及優美文字結構的產出。

策略 5-2-1　給予「思考學習單」，並示範「放聲思考」

　　為了使學生快速熟練寫作程序而達內化的程度，教師可在課堂上示範「放聲思考」策略，告訴學生自己是如何運思，才能寫出一篇不錯的文章。例如，教師可以向學生陳述：「看到題目，我就開始聯想，我對這個題目知道什麼？我的腦袋瓜會出現許多畫面，想像過去我是不是有這樣的經驗？接下來，我會思考該如何組合這些東西？我會想到以前學過的幾大元素，像是在文章中會出現哪些人物？我會用哪些形容詞來描寫這些人物？我也會想到這些人物發生了哪些事情？這些事情發生的順序是如何？中間有沒有我熟練的形容詞可以放進句子來描述的？寫得差不多時，我會從頭看起，檢查要寫的有沒有都寫了？提醒自己不要有太多重複的字句，最後我再來想想結論該寫什麼。」教師將自己的思考透明化，可以協助學生在面臨無從下筆的窘境時，仿照教師的歷程，激盪出一些想法。教師可同時提供「思考學習單」（參見練習 5-2-1），協助學生將散亂的思考聚焦。

【練習 5-2-1】思考學習單

說明：在下筆寫一篇完整文章前，請同學根據作文題目，完成下列思考學習單。

姓名：　　　　　　　　　　　　　日期：

作文題目：

內容（What）：我知道什麼？（腦力激盪）

如何（How）：我如何組合觀點？

　　　　　　　——比較

　　　　　　　——依時間發生次序

　　　　　　　——其他

事件發生之順序為何？

首先是：（　　　　　　　　　　　　　　　　　　　）

接著是：（　　　　　　　　　　　　　　　　　　　）

然後是：（　　　　　　　　　　　　　　　　　　　）

最後是：（　　　　　　　　　　　　　　　　　　　）

　　　　　　　　　　　　線索提示（Clues）：誰做此事？

　　　　　　　　　　　　　　　　　　　所需事物？

　　　　　　　　　　　　　　　　　　　如何去做？

再讀一次前面所寫的（Edit）：

　　　　　　　——有沒有重複字詞？

　　　　　　　——哪個部分不清楚要做修改的？

　　　　　　　——段落清不清楚？

　　　　　　　——每一個段落寫的是不同事物？

　　　　　　　——有沒有開頭、主要內容及結尾？

策略 5-2-2　使用「互評」策略，修正別人文章的缺失

當學生對文章內容熟悉時，很難檢視出文章的錯誤。著手修改文章的目的是讓作者了解他所想的內容和他寫出來的文章之間是有差異的。根據研究，由自己來檢視文章的錯誤，只能找出 10%的錯誤，若由其他同學來檢視，則可找出 50%的錯誤，且效果比老師批改來得大。

教師可在課堂上，條列審核文章的標準，如錯字、標點、贅字、段落、結構（是否包含起頭、經過及結尾）等，然後採彼此互評或團體互評的方式，對他人的文章做出修訂。完成後，再由作者本人依據修訂後自己可接受的部分重新寫一次。教師把原始文章及修訂後的文章做一次比對，未盡完整的部分，再做修改。歷經此一經驗，學生在寫文章時，較會提醒自己該注意的細節。

策略 5-2-3　暫停策略

寫作過程並非全依順序直線進行，而是計畫、回顧、修訂等活動隨時交替出現。教師可鼓勵學生在寫作時，暫時不考慮字型、標點是否正確，先讓文思產出順暢，在最後才進行錯字、標點等細節性問題的校訂。

在暫停時間，回顧自己已寫的部分，可以在寫作進行過程中邊改邊寫，隨時穿插局部性計畫、回顧、修改的歷程，以增加文章的流暢性。

個案二：思文

思文是一個小四的女學生，個性恬靜乖巧。在班上的功課始終維持在前十名。她雖不喜歡主動發言，但被老師叫起來時，仍能中規中矩的回答問題。在文章的寫作上，呈現的是四平八穩，有基本的結構雛型，但欠缺文章的張力及豐富性。她的班上最近來了位新老師，試圖在課堂中加入一些導引，期望班上同學在「安全」的內容中，多加入個人不同角度的觀點。思文總是無法突破既有的平板思維，其內容深度當然無從精進。

對於老師所強調的「不同觀點」，思文始終覺得很困惑，漸漸的對此類型的寫作顯得意興闌珊。有一天，老師以「灰姑娘」的故事為主軸，希望全班寫出「不同觀點」的心得報告，思文除了寫出故事大意外，其他的個人感受全被困住了，完全不知如何下筆，寫出的東西失去章法，好似倒退到二年級的程度。

綜合問題診斷

➠思文對於內容的思考已形成慣性，無法做相關概念的延伸。

➠對於新的刺激，如不熟悉或較創新的主題，就失去章法，找不到連結點可做進一步的發揮。

問題分析 5-3：思考固著，無法做多元的延伸

　　思文無法有個人觀點，除了閱讀量不夠之外，最主要問題在於其思考模式固著，沒有被引發，無法根據自己的經驗或當下所面臨的情緒問題，把它連結到相關故事情節中。中年級的學生仍停留在具體運思期的階段，沒有老師的介入，自身無法做超乎個人經驗外的思考。以案例中的「灰姑娘」寫作為例，「灰姑娘中的辛德瑞拉，在她套上遺落的玻璃鞋而成為『王子的新娘』的故事背後，隱藏的是嫉妒的主題，後母可能嫉妒辛德瑞拉的美貌，基於保護自己的女兒的心理，而百般虐待和貶抑她，而兩個姊姊也沒有傳統標榜的手足之愛，這與現實中，孩子與兄弟姊妹或同學間常有的嫉妒情緒，可說產生極大的共鳴。」

　　思文如果沒有被引導往「嫉妒」的觀點做思考，她的內容便會停頓在平淡無奇、了無新意的框架中。

策略 5-3-1　故事背後意涵的討論

　　教師可在課堂中討論學生們所熟悉的童話故事，藉此讓學生想想自身面對的狀況，與童話中的主角相似之處，彼此先分享自身的感覺，聽完每組的感受，教師再引導學生去思考每個故事後面所隱含的意義。

【練習5-3-1】童話故事提問表

說明：下列的童話故事，請學生讀完後，教師可根據每個故事背後內隱的主題，提出相關的問題，請學生思考後回答，藉由問題的導引，讓學生有不同層次的思維。

故事	主題意義	提問	附註
白雪公主	虛榮	「比較白雪公主與後母的差異」「兩人哪裡一樣？」「哪裡不一樣？」	兩人都很重視外貌
國王的新衣	誠實	「需要聽從周圍小朋友的要求才能成為他的朋友？」「當看到大人有錯時，小孩該講出來嗎？」	
小紅帽	安全	「愛玩和貪吃是不是會引發安全問題？」「小紅帽是否足智多謀？」	
灰姑娘	嫉妒	「你覺得家裡誰最被關愛？」「你有沒有被同學找過麻煩？」「如果被欺負了，你怎麼辦？」	
傑克與仙豆	貪心	「為什麼傑克有了金豎琴後，還要爬上豌豆莖去偷巨人更多的東西？」「他是不是和巨人一樣貪心？」「他為什麼只想拿別人的東西而不想工作？」	

策略 5-3-2　互相刁難、促進思考

　　訓練批判能力，不需要有許多邏輯推理原則，只需在與學生日常生活的對話中，加入不同意見的表達，例如利用手邊的國語課本，從中找問題「刁難」學生，同樣也是透過提問，啟動他們思考的馬達。

【練習 5-3-2】故事提問範例

說明：教師讀完下列故事後提問，請學生回答。

　　啄木鳥飛到樹林裡，停在一棵樹上。他看見這棵樹的葉子，有些變得又黃又乾。啄木鳥想，這棵樹也許病了，他要給樹治一治病，啄木鳥先用爪子抓住樹幹，再用長嘴在樹幹上敲一敲，他的樣子就像醫生給人看病。他敲到一個地方，發現聲音不同，知道裡面有了蟲。他就把樹幹啄了一個洞，從樹洞裡拉出蟲子來吃，啄木鳥把蟲子吃了以後，沒過多久這棵樹就長出新的樹葉來，鳥真是樹的好醫生啊！

可以問：

「啄木鳥是真的替樹治病嗎？還是為填飽肚子？」

「樹生病了，只要請啄木鳥來吃蟲就能治各種樹的疾病嗎？」

「啄木鳥真是好醫生嗎？」

「樹長出新葉子，真的是因為啄木鳥把蟲吃光了嗎？」

附註：這些問題沒有標準答案，只是讓孩子從不同的面向去思考問題，而不是單方面接受「啄木鳥是樹的好醫生」這個訊息。

問題分析 5-4：基礎薄弱，遇到新的刺激就無法可循

　　思文的文章除了自己熟悉的基本體裁外，遇到較「另類」的主題，就失去原有的章法。可能的原因來自學生對作文的三大要素：「內容」、「結構」、「修辭」並沒有建構得很穩固，當新訊息進入時，沒有辦法「依循」過去把文字放在適當段落，再加上內容空洞，自然就呈現出退化的狀況。

　　就如同蓋房子一般，「結構」要搭得壯觀穩固，也就是文章的段落安排要清楚，如每一段的最後一句和第二段的的第一句必須是相關的，全篇的每一段也是相關的。中年級的學生，習慣把一篇二百字到三百字的作品，分成三段到四段。把每一篇作品分解成三個部分，放進三個框框裡，像蓋房子一樣，一格一格，直到在稿紙裡把一棟叫作「文」的房子蓋起來。

　　「修辭」是在作文裡吸引人注意的飾品，而「內容」則是決定整篇文章好壞的精髓。

　　思文如果不能把這三大元素隨時「喚起」使用，遇到超乎她平時慣用的主題時，就會困塞，無法下筆如流。

策略 5-4-1　強化文章形塑的三元素

　　在課堂中，給予學生不同類型的文章，請其區辨什麼叫作「結構」、什麼叫作「內容」及什麼是「修辭」，接著透過班級討論，發表所見的文章其內容好在哪裡？修辭部分還有哪些替代語？可以增減的部分有哪些？透過互動討論，強化學生對這三元素的形塑。

策略 5-4-2　熟悉結構中的各項元素

　　在熟悉了作文的基本三元素之後，老師可再將影響內容豐富性的「背景」、「細節」、「變化」、「結論」介紹給學生。

「背景」指的是對時間或空間的掌握，像是電視電影鏡頭拉開的第一幕場景。

「細節」則是在段落中提出更多的人事物，從想法、感覺、動作，都做深入的說明。

「變化」是指文章中意外的插曲，包括一些突發狀況以及衝突對立，這些往往能增加文章的張力。

「結論」即最後的結果，對前述的內容提出一個總結性的意見。

　　教師可以先分析任何一篇文章或故事的「背景」、「細節」、「變化」和「結論」，讓學生了解文章像蓋房子一樣，每一棟房子都有鋼架橫樑，需要有穩固的結構才能蓋得好。

策略 5-4-3　複習句子的基本組織：「名詞」、「形容詞」及「動詞」

　　除了讓學生了解「內容」、「結構」及「修辭」三大元素，以及在結構部分讓學生熟悉「背景」、「細節」、「變化」和「結論」外，為了增加文章的效果，老師需隨時在課堂中幫學生複習句子的基本組織：「名詞」、「形容詞」及「動詞」。分別以上述詞類作為文章開頭來做練習，如以「逛夜市」做為文字表現的材料，要求學生比較用「形容詞」做開頭與「動詞」做開頭，其效果有何不同。

【練習 5-4-2】內容結構表

說明：下面是分析〈龜兔賽跑〉的文章，小朋友閱讀過一遍後，選一篇你喜歡的文章，填入下列的空格中。先看看下面的範例。

背景：烏龜和兔子在風和日麗的天氣中比賽跑步。

細節：兔子跑得很快，烏龜仍然慢吞吞的，兔子決定小睡片刻。

變化：兔子在沉睡中，烏龜仍決定背著重重的殼勇往前進。

結論：烏龜慢步到達終點，兔子懊悔不已。

　　小朋友，現在輪到你來試試看！

故事主題：

背景：

細節：

變化：

結論：

【練習 5-4-3】詞類分類表

說明：小朋友，試著用不同顏色的筆，圈出名詞、形容詞和動詞。

寫功課、風和日麗、故事書、圓嘟嘟、感覺、想念、畫畫、可愛的、高雅的、朋友、打架、如雪花般的頭髮、咖啡壺、打手機、跑在長長的公路上、反反分裂大遊行、創意、運動、漂泊的、熱滾滾的、熱鍋上的螞蟻、幽默的、書櫃、抑揚頓挫、巧克力蛋糕、薰衣草花園、打電動、開心的、美若天仙、沙灘、游泳、逛街、腳踏車、加油、升旗典禮、打招呼、開玩笑、阿里巴巴、小丸子。

個案三：君弘

　　君弘是一個小三的男生，活潑好動，上課勇於發言，一有機會往往就滔滔不絕。寫作文對他而言不是件苦差事，他的文筆流暢性高，下筆如流，但文詞中有許多贅字，整篇文章寫下來，以「我」為句首的句子大概占了二分之一，字裡行間大都是對具體行為的描述，如「我到動物園裡，看到許多獼猴，牠們跳來跳去，公猴的屁股紅通通的……」，當文章主題涉及個人內在情感的描述時，君弘下筆速度明顯慢了許多，而且停留在「我覺得生氣，因為……」等較淺層的表述。

綜合問題分析

➠仍停留「以自我為中心」的思維階段，慣性的以「我」為句子的開頭。

➠只能對所見的事物做表層且具體的陳述，無法對內在的情緒及感覺做延伸性的表達。

問題分析 5-5：以自我為中心

　　從學理上而言，在一歲半左右開始說話時，當幼童覺得是在寫自己時，就會用「我」這個字來表達意思。隨著年齡增長，經由親子互動以及同伴間的人際關係，使其逐漸認識自己與他人的差異。在七歲前，兒童往往以自我為中心，任何事情都以自己的角度為基準，很少去揣度別人的感覺，寫文章時自然而然就以「我」為起始點。因為他們覺得是在寫自己的想法，當然要把「我」呈現出來。孩子使用的語法很簡單，從「因為」如何到「所以」如何，都是直接陳述自己的感覺。在文字上，也是筆隨意走，想到什麼就寫什麼，沒有修飾可言。

　　至於開頭提到「言必稱我」的習慣，在學前不必太在意，那是孩子以自我為中心的一種反射，沒有以「我」做開頭，他們會很難下筆，把想法延續下去。

策略 5-5-1　避免贅言，可善用連接詞

　　最快速的方法是「規定」孩子在一篇文章內，盡量不要出現重複的字句，意思相同的要能轉化成不同的詞句來表現，一個段落內不要出現太多的「我」，如果是講同一件事，可以善用連接詞，如「和」、「而且」等，「我」字出現的頻率便會逐漸降低。

問題分析 5-6：僅能對事物做具體及表象的描述

　　「規定」孩子只能提供有限且短暫的表面成效，要能寫出深沉動人的文章，靠的是「感覺」，感覺的培養有賴於豐富的閱讀量。當孩子對周遭的事物有感覺時，相對的他也比較容易對要寫的體裁融入感覺。對於中年級學生而言，認知發展仍處於「具體運思」階段，要把感覺抒發出來，仍需強力的引導。

策略 5-6-1　強化內在情感的表達

　　以「我」這個主題為例，可以幫助孩子探索他自己，「我覺得自己是一個什麼樣的人？」對低年級的孩子而言，通常會從外在做描述，例如「我的頭髮短短黑黑的」、「我穿的衣服是紅色的」。如果能引導他們從內在去發揮，把自己的感覺表達出來，就會出現「我覺得好傷心，因為……」、「我好高興噢，看到這麼多隻兔子……」等字句。隨著年齡的增長，要能把感覺描述得更多，教師可以分享自己的心情，告訴他們「我也覺得非常的挫敗，因為自己的想法不被重視」、「我覺得朋友像是磁鐵，可以相吸，但又可以相斥」，或是讓學生彼此討論有關感覺的形容詞，相互激盪進而更深入了解這些形容詞的意義，例如：「失望」是什麼意思？什麼時候你會覺得「失望」？當你「失望」時，你會做些什麼？中年級的學生在如此互動下，通常可以將自己的情感放入其中。

策略 5-6-2　你問我答，互相幫忙

　　文字和語言有許多共通處，「我手寫我口」，在寫作文之前舉辦作文演講會，針對作文題目準備五分鐘以內的演講。每一位講完後，由其他同學提出問題，在一問一答中，幫助彼此把意思表達得更清楚。同學可以一起整理剛才的演講內容，學習到如何觀察，分析演講內容，伸展思考觸角，也可提問告知哪些句子可以說得更好。君弘善於發言，但卻不知自己用了許多贅詞，藉由同學間相互激盪、提醒，在修正了一些不著邊際的話語下，間接的也會讓自己的文字表達更加精鍊。

策略 5-6-3　集結優良作品並加以公布

　　增加中年級學生之閱讀量，除了選擇符合他們特質的課外書籍，還可運用剪貼的方式，讓學生把看過的好文章保留下來。除了用螢光筆畫出重點，對於所謂的「佳句」，也可抄錄下來，集結成冊後，在課堂上與全班一起賞析。老師也可準備一張紀錄表（參考練習5-6-3），請同學把所看到的文詞內容填入表格，以加深對他人文章的印象。

【練習 5-6-3】佳句整理分析表

說明：各位同學，請把你看過的文章，依開頭、經過及結尾做一分析，然後
　　　填入下列空格中。

文章主題：

	佳句	感想
開頭		
經過		
結尾		

參考資料

王瓊珠（2004）。故事結構教學與分享閱讀。台北：心理。

第二篇

數學學習

第二篇「數學學習」導論／吳昭容

中年級數學的教材特性與輔導要點

當孩子升到中年級之後，有些家長會發現孩子在學習數學上開始出現一些困難。要說有很大的障礙，倒也不是，類似的題目有時候對，有時候又不對，例如 4375 − 2354 ＝（　　），能正確解題，6005 − 3566 ＝（　　），就會錯。又如：一盒裝有 12 顆巧克力糖，5 顆是幾盒？會回答是 $\frac{5}{12}$ 盒；反過來，$\frac{5}{12}$ 盒也知道是 5 顆，但 15 顆是幾盒？就不會了。這樣的現象不可等閒視之，如果不及早輔導，數學學習就會越破越大洞，到了高年級時就很難處理。

數學教材的結構性很強，尤其數與計算的部分更是如此，整數數概念不清楚絕對會妨礙分數與小數概念的學習，個位數字的四則運算有問題，那麼多位數的運算也一定會有困難。所以，本冊數學學習與輔導的討論主要聚焦在數概念、計算以及文字題解題上，各單元的題材安排，主要參考九年一貫數學領域正式綱要的「數與量」主題，盡量含括三、四年級分年細目的能力指標。

中年級教材的基本概念是衍生自低年級的教材，但也有一些這個年段教材上的特性，使得學習與教學有著不同於低年級的重點。

 ### 低年級教材的加深加廣

低年級已經學過的整數教材，在中年級時會數字變大、運算變繁複、文字題的敘述變長、解題步驟變多，教材的加深加廣要求的是數量表徵與基本運作歷程的自動化。看到 4375，無法馬上唸出四千三百七十五，而一定要慢慢地由右往左確認「個、十、百、千」，

且每搭配一個數字與數詞都要一段時間確認「四千，三……百，……七……十，……五……，四千三百……七十五」，那麼就不容易掌握這個數字所表徵的大小、各位數的位值意義、分解合成。多位數的運算必須以個位數運算的技能為基礎，例如，多位數乘法必須以九九乘法為基礎，則是眾所周知的。所以低年級容許慢慢解題的基礎教材，到了中年級會被要求必須自動化。

所以中年級的輔導重點，除了需要確認低年級的基礎是否有學好，同時還要進一步要求低年級所學的內容的自動化。技能的自動化必然得透過大量的練習，遊戲化的活動比較可能讓孩子主動練習，我們在低年級版有介紹到一些遊戲化的活動，另外，市面上也會有一些電腦軟體可供使用。

 生活中較少見的數學材料

中年級開始出現一些生活中較少見的概念與運算，不像低年級的教材總是生活中常見的材料，例如三位以內的整數，其數量意義是低年級學童生活中還用得到的，三位以內的加減也很合理，但中年級會討論到四位數，甚至是萬、億、兆（九年一貫數學領域綱要的四年級分年細目）以上的數字，這些大數值對中年級學生而言幾乎就是天文數字，看了也很難產生意義。分數與小數教材也是中年級開始的重頭戲，但生活中我們不常使用分數，一方面因為日常語詞的使用通常不求精準，我們不會說「牛奶只剩 $\frac{1}{10}$ 瓶」，而是說「牛奶只剩一點點」，另一方面度量衡也有各種不同大小的單位，如果數量未達一個單位，那就用更小的單位來描述就好了，所以我們不常說「$\frac{6}{10}$ 公升」，而會說「600 毫升」。

因為教材與生活的聯繫較薄弱，容易讓孩子覺得數學「就是只

會出現在數學課中的東西」、「沒什麼意思，用背的就好了」，所以，大人們就更要耗費心力來協助孩子建立這些數學符號與活動的意義，一則是情意面向的功能，「數學是有意義的、且與生活有關係的知識」，再則是認知面向的功能，掌握意義可以讓孩子對解題步驟與結果做出合理性的判斷，才不會衍生出許多離譜的錯誤，也才能活用數學知識到各種領域。本篇各單元會提供家長或教師相關的策略。

看似雷同的教材卻有不同的難度

隨著整數的數字變大、分數小數的引入、不同情境與單位的變化，使得看來相似的題目卻有不同的解題難度。如前文所述，會解 $4375 - 2354$，卻不會解 $6005 - 3566$；以及知道 5 顆是 $\frac{5}{12}$ 盒，但不知道 15 顆是幾盒；又如同樣該用 $28 \div 4 = （\quad）$ 算式解題的文字題，在「28 元平分給 4 個人，每人得多少元？」會做，在「28 公分長的紙條，每 4 公分剪成一段，可以剪成幾段？」就不會做。本篇各單元會說明這些難度上的不同來自何種素材上的差異，以及會產生何種認知上的困難。

大人們在掌握了解題難度的影響因素後，對教材進程就要有細緻的安排。例如了解到「兩個哈密瓜平分給亮亮三兄妹，每個人可以分得幾個？」的困難，包括無法在被除數比除數小的情況下以除式列式，以及不知道整數相除、商 < 1 的情況可以用分數表示，那麼在教學上就要透過變動數字大小與情境讓孩子能夠解題，再運用簡化後的題材與原題間的關聯性，推論出原題的解法（哈密瓜這題的教學安排詳見策略與練習 8-3-1）。

家長和老師在輔導中年級學童學習數學時，心中要有一個粗略

的數學知識結構圖，以這個不同難度所組成的結構圖檢驗孩子的學習問題，細緻地佈置影響學習難度的教材因素，讓孩子掌握數學符號與活動的意義，也透過有趣的數學遊戲吸引孩子練習，讓基礎的數學技能得以自動化。

我可以
　　學得更好（中年級版）

單元六

整數概念與計算

吳信輝

個案一：小筠

小筠是就讀於非都會區的國小四年級女生，父母親在都會區工作，沒有跟小筠住在一起。小筠在家做功課時，因為爺爺奶奶的學歷不高，對於小筠的幫助有限。雖然小筠的口語表達能力還可以，但是數學成績不是很穩定。對於解決數值小（一位數及二位數）的基本加減法運算，小筠的表現還可以。不過，在解決簡單的文字題時，則表現時好時壞。遇到直式算則運算時，往往表現得不是很好。某天，老師請小筠寫下 3003 － 145 的直式算則時，小筠的計算過程如下：

$$
\begin{array}{r}
3003 \\
-\ \ 145 \\
\hline
1958
\end{array}
$$

老師問小筠怎麼得到 1958 的答案，小筠回答說：「3 減去 5，不夠減，所以從 3 借位，13 減 5，剩 8。9 減 4，剩 5。0 減 1，不夠減，所以再從 3 借位，10 減 1，剩 9，3 被借過 2，所以剩 1。最後的答案是 1958。」老師請小筠再寫下 5134 － 1375 的直式算則，小筠的計算過程如下：

$$
\begin{array}{r}
5134 \\
-\ 1375 \\
\hline
3759
\end{array}
$$

當老師把數值變得比較小時（變為一位數或二位數），小筠產生錯誤的機會就會減少。

有一天在練習寫乘法與除法的直式算則時，例如：將「20 × 5
＝」改寫為直式算則時，小筠會寫成：

$$20$$
$$\underline{\times\ 5}$$

當老師請小筠再改寫乘除的橫式算則為直式算則時，小筠也常
有寫錯的情形發生，特別是無法把數字寫在正確的位置上。

綜合問題診斷

小筠在直式算則練習中常犯的錯誤，可以從兩個方向來分析：

▶▶對於一位數或二位數的加減法直式算則練習，小筠普遍上不會有
很大的困難。但是在中年級階段，所面對的不再限於一位數或二
位數，可能會面對三位數或四位數，特別是被減數位值中含有 0
或含有連續 0 的數值時，小筠出現借錯位現象的機會就增加了。
▶▶改寫橫式算則為直式算則的過程中，小筠很容易出現將數字寫在
不正確的位置，特別是改寫乘除橫式算則為直式算則的時候。

問題分析 6-1：借錯位問題

　　小筠在低年級時對一位數或二位數的計算都可以很容易的解決，不論計算過程中是否需要進位或借位。但是進入中年級後，因為數值較大，有時是三位數，有時是四位數，以致小筠會有計算錯誤的現象，或是根本害怕解決這些大數值的運算。在大數值的加法直式算則中，進位與否都不影響小筠的運算，但是對於某些大數值的減法直式算則運算特別容易出錯，例如 3003 － 145。這是因為大數值的位值中含有兩個 0，導致小筠在借位上產生了錯誤。小筠對於大數值位值中不含有 0 或只含有一個 0 的運算比較不會出錯，例如，5134 － 1375。因此，小筠可能的問題是：在大數值的減法直式算則過程中，發生借錯位的情形，特別是在位值中含有連續 0 的大數值減法運算。

　　減法運算過程中，當相同位值的被減數小於減數時，就得從上一個位值借 1 過來進行運算。學童在處理一位數或二位數的減法直式算則時，儘管運算需要利用到借位的概念，但是因為位數少，學童通常可以很清楚的知道要從哪一個位數借 1 過來進行運算。當數值變大且位數變多時，部分學童可能會犯跟小筠相同的錯誤，也就是借錯位數，導致最後的答案是錯誤的。因此，老師或家長發現學童有借錯位的現象，可以利用下列的策略來協助學童在計算過程中所犯的借錯位問題。

策略6-1-1　理解大數值位值關係

　　老師及家長可以先參考本書低年級版中第七單元——基本運算單元，個案一（舜舜），策略7-2-4「位值關係的理解——數字的分解與合成」所介紹的小數值位值關係，再進行練習大數值的分解與合成。進行大數值的分與合成時，老師及家長可以盡量出些被減數位值中不含有0、含有一個0及含有連續兩個0的大數值的分解與合成，例如：8345、5039、1803、7006、5400，以便了解學童在面對不同類型的大數值分解與合成是否有困難（搭配練習6-1-1）。

【練習6-1-1】大數值的分解與合成

說明：請填入適當的數字。

1. 3862是（　　）個1000，（　　）個100，（　　）個10，（　　）個1。

2. 4009是（　　）個1000，（　　）個100，（　　）個10，（　　）個1。

3. 5307是（　　）個1000，（　　）個100，（　　）個10，（　　）個1。

4. 9081是（　　）個1000，（　　）個100，（　　）個10，（　　）個1。

5. 7300是（　　）個1000，（　　）個100，（　　）個10，（　　）個1。

※除了上述題目外，老師或家長可根據學童填寫的情形，再提供不同的
　題目，讓學童充分練習。

策略 6-1-2　練習被減數不含 0 的大數值減法直式算則運算

　　老師及家長可以先從不含 0 的大數值減法直式算則運算練習開始（搭配練習 6-1-2）。從學童的運算過程中，了解學童是否了解借位的基本概念。假如學童對於借位的基本概念有困難，可參考本書低年級版第七單元「基本運算單元」問題分析 7-2 的內容，並讓學童熟悉該單元的練習。練習的過程中，老師及家長可以利用生活化的例子（例如：買東西或借錢）讓學童練習，以達到生活化學習的連結。

策略 6-1-3　練習被減數只含一個 0 的大數值減法直式算則運算

　　當學童熟練被減數不含 0 的大數值減法直式算則後，老師及家長再讓學童練習只含一個 0 的大數值減法直式算則運算，以了解學童對於不同類型的大數值減法直式算則是否有困難（搭配練習 6-1-3，第 162 頁）。練習的過程中，老師及家長可利用生活化的例子（例如：買東西或借錢）讓學童練習，以達到生活化學習的連結。

策略 6-1-4　練習被減數含有連續兩個 0 的大數值減法直式算則運算

　　最後，老師及家長可以給學童練習含有連續兩個 0 的大數值減法直式算則，以確認學童對於借位的基本概念是否完全理解。練習的過程中，老師及家長可以讓學童先不計算，只做判斷，然後再利用估算讓學童猜猜看答案大約是多少（搭配練習 6-1-4.1，第 163 頁），估算的過程中，老師及家長可以利用生活化的例子（例如：買東西或借錢）讓學童練習，以達到生活化學習的連結。最後再讓學童進行計算練習（搭配練習 6-1-4.2，第 164 頁）。

【練習 6-1-2】被減數不含 0 的大數值減法直式算則運算練習

說明：請對下列的直式算則運算做判斷，假如不正確的話，是為什麼？

1.
```
   3854
 − 1323
 ──────
   2631
```

2.
```
   5876
 − 2782
 ──────
   2194
```

說明：請完成下列的直式算則運算。

1.
```
   4375
 − 2354
```

2.
```
   1859
 − 1182
```

3.
```
   9135
 − 6572
```

4.
```
   8236
 − 3569
```

※除了上述題目外，老師或家長可根據學童判斷及完成的情形，再提供不同
　的題目，讓學童充分練習。

【練習 6-1-3】被減數只含一個 0 的大數值減法直式算則運算練習

說明：請對下列的直式算則運算做判斷，假如不正確的話，是為什麼？

1.
$$\begin{array}{r} 4037 \\ -\ 2846 \\ \hline 291 \end{array}$$

2.
$$\begin{array}{r} 7802 \\ -\ 1436 \\ \hline 2276 \end{array}$$

說明：請完成下列的直式算則運算。

1.
$$\begin{array}{r} 5055 \\ -\ 4374 \\ \hline \end{array}$$

2.
$$\begin{array}{r} 3407 \\ -\ 2038 \\ \hline \end{array}$$

3.
$$\begin{array}{r} 9409 \\ -\ 3285 \\ \hline \end{array}$$

4.
$$\begin{array}{r} 6075 \\ -\ 3566 \\ \hline \end{array}$$

※除了上述題目外，老師或家長可根據學童判斷及完成的情形，再提供不同的題目，讓學童充分練習。

【練習 6-1-4.1】被減數含有連續兩個 0 的大數值減法直式算則運算——判斷與估算練習

說明：請對下列的直式算則運算作判斷，假如不正確的話，是為什麼？

1.
```
    6005
  − 2850
    291
```

2.
```
    7800
  − 1436
    6364
```

說明：請完成以下的直式算則運算。

1.
```
    4007
  − 3056
```

2.
```
    2400
  −  732
```

說明：猜猜看以下各題答案大約是多少？請選出答案。

（　）1. 9400 − 4803 ＝□，大約是：　①五千　②四千六　③四千

（　）2. 7005 − 3284 ＝□，大約是：　①四千　②三千七百　③三千

（　）3. 媽媽原有 6200 元，給小華 1472 元後，請問媽媽大約還有多少元？
　　　　①四千　②三千七百　③三千

（　）4. 小明原有存款 8009 元，買飛機模型用去了 2100 元，請問小明大約
　　　　還有多少元？　①六千　②五千　③五千五百

※除了上述題目外，老師或家長可根據學童判斷的情形，再提供不同的題目，
　讓學童充分練習。

163

【練習 6-1-4.2】被減數含有連續兩個 0 的大數值減法直式算則運算
　　　　　　——計算練習

說明：請完成下列的直式算則運算。

1.　　　4001
　　　－1547
　　───────

2.　　　9007
　　　－3933
　　───────

3.　　　6400
　　　－4280
　　───────

4.　　　5200
　　　－2784
　　───────

※除了上述題目外，老師或家長可根據學童完成的情形，再提供不同的題目，
　讓學童充分練習。

問題分析 6-2：改寫橫式算則為直式算則的問題

請將「20 × 5 ＝」改寫為直式算則。

小筠在思考後寫下了：

$$
\begin{array}{r}
20 \\
\times\ 5 \\
\hline
\end{array}
$$

從寫下的直式算則中，顯示小筠可能對於書寫乘法直式算則有不清楚的地方。另外，小筠對於改寫除法的橫式算則為直式算則也有些困難。小筠的問題可能是在直式算則中如何將數字擺放正確的地方，所以加強位值概念可以避免錯置數字。

策略 6-2-1　說明書寫乘法直式算則的原則

　　乘法的概念可以是累加，也可以是等組／等量、倍數改變、叉積及面積。乘法的直式算則不像乘法概念那樣複雜，儘管如此，學童在寫乘法的直式算則時，還是有可能會出現一些錯誤，而影響後續的計算。因此，老師及家長可以先將書寫乘法直式算則的原則說明清楚，再讓學童進行練習。書寫乘法直式算則的原則是：將被乘數與乘數靠右對齊，同時注意到是否將乘號寫在適當的地方。

　　說明書寫乘法直式算則的原則前，假如學童不了解位值的關係，在寫直式算則時，就可能犯下與小筠相同的錯誤。位值關係的理解，老師及家長可以參考本書低年級版單元七「基本運算」個案一（舜舜）中，策略 7-2-4 位值關係的理解策略及其練習。

策略 6-2-2　熟悉乘法直式算則及練習改寫乘法橫式算則為直式算則

　　說明書寫乘法的直式算則原則後，老師及家長可以讓學童練習判斷不同寫法的乘法直式算則正不正確。假如不正確的話，請學童說明為什麼不正確。判斷後，老師及家長再讓學童進行改寫乘法橫式算則為直式算則的練習（搭配練習 6-2-2）。

策略 6-2-3　說明書寫除法直式算則的原則

　　除法的概念可以是連減，也可以是分組／平分。雖然除法的直式算則不像除法概念那樣複雜，但是學童在寫除法的直式算則時，還是有可能會出現一些錯誤，而影響後續的計算。所以老師及家長可以先將書寫除法直式算則的原則說明清楚，再讓學童進行練習。書寫除法直式算則的原則是：將被除數寫在除法符號（÷）之前或除號（ ̄ ）的裡面，將除數寫在除法符號之後或除號的外面。

策略 6-2-4　熟悉除法直式算則及練習改寫除法橫式算則為直式算則

　　說明書寫除法的直式算則原則後，老師及家長可以讓學童練習判斷不同寫法的除法直式算則正不正確。假如不正確的話，請學童說明為什麼不正確，並讓學童進行改寫除法橫式算則為直式算則的練習（搭配練習 6-2-4，參見第 168 頁）。

【練習6-2-2】乘法直式算則判斷及改寫乘法橫式算則為直式算則練習

說明：請對下列的直式算則寫法做判斷，假如不正確的話，是為什麼？

1.
```
    342
×    5
─────
```

2.
```
     56
×     7
─────
```

3.
```
     89
×    5
─────
```

4.
```
   1564
×    64
─────
```

5.
```
    213
×     5
─────
```

6.
```
   4651
×   5 4
─────
```

7.
```
    807
×    96
─────
```

8.
```
   1578
×    451
─────
```

9.
```
   2649
×    96
─────
```

10.
```
    6134
×    317
─────
```

說明：請改寫下列的乘法橫式算則為直式算則。

1. 54×9

2. 632×41

3. 1345×721

4. 863×7

5. 34×1256

6. 8×537

7. 6×98

8. 27×347

9. 1087×63

10. 459×1592

※除了上述題目外，老師或家長可根據學童判斷及改寫的情形，再提供不同的題目，讓學童充分練習。

【練習 6-2-4】除法直式算則判斷及改寫除法橫式算則為直式算則練習

說明：請對下列的直式算則寫法做判斷，假如不正確的話，是為什麼？

1. $80 、 4\overline{)}$

2. $\overline{)156 、 3}$

3. $12\overline{)}\overset{96}{}$

4. $6\overline{)360}$

5. $\overline{)54 、 9}$

說明：請改寫下列的除法橫式算則為直式算則。

1. $91 \div 7 =$

2. $5055 \div 25 =$

3. $268 \div 76 =$

4. $84 \div 21 =$

5. $420 \div 7 =$

6. $2694 \div 9 =$

※除了上述題目外，老師或家長可根據學童判斷及改寫的情形，再提供不同
　的題目，讓學童充分練習。

個案二：小婷

　　小婷是國小中年級學生，對於加減的基本概念都還能了解，解決加減法的直式算則運算表現也不錯。雖然在解決大數值的直式算則運算時，會有些錯誤，但這些錯誤都可以在驗算中得到正確的修改。對於乘法，小婷知道乘有累加、等組／等量、倍數改變、叉積及面積等意義，對於九九乘法的背誦也沒有問題。但是在解決被乘數及乘數都是二位數以上的直式算則運算時，常常會出現一些錯誤。例如，老師請小婷寫下「24 × 45」的直式算則。小婷的計算過程如下：

$$
\begin{array}{r}
24 \\
\times\ \ 45 \\
\hline
120 \\
96 \\
\hline
216
\end{array}
$$

　　為了確認小婷在其他的乘法直式算則中，是否也會出現這類型的錯誤。老師請小婷再寫下「106 × 13」的直式算則。小婷的計算過程如下：

$$
\begin{array}{r}
106 \\
\times\ \ 13 \\
\hline
318 \\
106 \\
\hline
414
\end{array}
$$

　　還是出現錯誤。但是老師請小婷寫下「37 × 6」的直式算則，卻不會出現上述的錯誤。

　　另外，老師請小婷寫下「835 ÷ 4」的直式算則。雖然小婷很努

力的寫下計算過程，而且計算過程似乎都沒有錯的地方，但是答案卻是錯的。小婷的計算過程如下：

$$
\begin{array}{r}
2\,8 \\
4\,\overline{\smash{\big)}\,835} \\
8 \\
\hline
35 \\
32 \\
\hline
3
\end{array}
$$

為了確認小婷在其他的除法直式算則中，是否也會出現其他錯誤。老師請小婷再寫下「225 ÷ 6」的直式算則。小婷看到被除數的高位數小於除數（2＜6），就不知道要怎麼做。老師發現小婷對於不需要退位的除法直式算則比較不會出錯，需要退位後再進行除法的計算卻是不知道怎麼做。

綜合問題診斷

小婷在乘法及除法直式算則計算過程中常犯的錯誤，可以從兩個方向來分析：

➡ 小婷在乘法直式算則運算過程中，只要乘數是一位數，都可以迎刃而解。對於乘數是二位數以上的計算，小婷在過程中很容易將每次進行過的乘法結果都靠右對齊，以至於最後的答案是錯的。小婷可能的問題是對於乘法直式算則中運算結果的書寫有問題。

➡ 小婷對於一位數除以一位數的直式算則運算沒有問題，對於不退位的除法直式算則也沒有問題，例如：84 ÷ 4。對於需要退位除法的運算往往不是放棄，就是亂寫。「退位除法」是指被除數的高位數必須換成較低位數後再除的運算，例如：125 ÷ 9。另外，小婷對於被除數的位值中含有 0 的除法表現也很不好，例如506 ÷ 7。因此，小婷的問題可能是對於除法直式算則的計算不完全理解。

問題分析 6-3：乘法直式算則中運算結果書寫問題

老師請小婷寫下「24 × 45」的直式算則。

小婷的計算過程如下：

$$
\begin{array}{r}
24 \\
\times\ 45 \\
\hline
120 \\
96 \\
\hline
216
\end{array}
$$

　　從直式算則運算顯示小婷可能對於乘法直式算則中運算結果的書寫有問題。

策略 6-3-1　說明乘法直式算則中運算結果的書寫原則

　　學童在學習乘法的直式算則時，面對一位數乘以一位數（例如：6 × 7）或是二位數乘以一位數（例如：32 × 5）的直式算則，大都可以解決得很好。但是面對多位數乘以多位數（例如：56 × 17）的直式算則時，不一定會有很好的表現，小婷就是一個例子。

　　乘法直式算則中運算結果的書寫原則是取決於乘數的位數。當直式算則是以乘數中個位數進行運算時，其結果從個位數往左寫。當直式算則是以乘數中的十位數進行運算時，其結果從十位數往左寫。當直式算則是乘數中的百位數進行運算時，其結果從百位數往左寫。老師及家長可以利用數字的分解與合成，讓學童熟悉乘法直式算則運算結果的書寫方式（搭配練習 6-3-1）。當學童熟悉乘法直式算則運算結果書寫後，老師及家長可以運用下面的策略讓學童熟悉不同類型的乘法直式算則運算。

策略 6-3-2　練習一位數到四位數乘以一位數的直式算則

　　一位數乘以一位數的直式算則就是九九乘法表的直式算則，也是乘法的基本事實。因此，老師及家長可以利用九九乘法表讓學童熟悉簡單的乘法直式算則。當學童熟悉這些簡單的直式算則後，再進行二位數以上乘以一位數的直式算則練習（搭配練習 6-3-2，見第 175 頁）。二位數以上乘以一位數的直式算則中，有時會出現需要進位的情形，老師及家長可以提醒學童別忘了需要進位的運算。

策略 6-3-3　練習一位數乘以二位數的直式算則

　　策略 6-3-1 中提到，運算結果的書寫原則是取決於乘數的位數。當直式算則是以乘數中個位數進行運算時，其結果從個位數往左寫。當直式算則是以乘數中的十位數進行運算時，其結果從十位數往左寫。當學童熟悉這些簡單的乘法直式算則後，就可以請學童解決較複雜的直式算則，例如，一位數乘以二位數。在進行一位數乘以二位數的直式算則運算前，老師及家長可以先給學童一兩個範例，然後請學童判斷所呈現的直式算則運算正不正確，最後再請學童進行直式算則運算（搭配練習 6-3-3，見第 176 頁）。

策略 6-3-4　練習二位數（以上）乘以二位數（以上）的直式算則

　　雖然一位數乘以二位數的直式算則比一位數到四位數乘以一位數的直式算則還要複雜一點，但是在乘法的直式算則中，以二位數（以上）乘以二位數（以上）的直式算則較為困難。假如學童對於二位數（以上）乘以二位數（以上）的直式算則不會感到困難，而且作答都正確的話，表示學童完全理解乘法的直式算則運算。當學童都熟悉並了解策略 6-3-2 及 6-3-3 後，老師及家長可以先給學童一兩個二位數（以上）乘以二位數（以上）的範例，然後請學童判斷所呈現的直式算則運算正不正確，最後再請學童進行直式算則運算（搭配練習 6-3-4，見第 177 頁）。

【練習 6-3-1】乘法直式算則中運算結果書寫練習

範例：

```
        32          32 = 30 + 2           32
    ×   36          36 = 30 + 6       ×   36
        12           6 ×  2              192
       180           6 × 30               96
        60          30 ×  2             1152
       900          30 × 30
      1152
```

說明：請根據範例填入適當的數字。

```
        58          58 = (  ) + (  )         58
    ×   19          19 = (  ) + (  )     ×   19
    (      )        (  ) × (  )          (      )
    (      )        (  ) × (  )          (      )
    (      )        (  ) × (  )          (      )
    (      )        (  ) × (  )
    (      )
```

※老師或家長可根據學童完成的情形，再提供不同的題目，讓學童熟悉乘法
　直式算則書寫方式。

【練習 6-3-2】一位數到四位數乘以一位數乘數的直式算則練習

說明：請完成下列的直式算則運算。

1.
```
        4
  ×     9
  _____
```

2.
```
       56
  ×     7
  _____
```

3.
```
      402
  ×     5
  _____
```

4.
```
     1631
  ×     8
  _____
```

5.
```
       87
  ×     6
  _____
```

6.
```
      174
  ×     3
  _____
```

7.
```
     3008
  ×     2
  _____
```

8.
```
        9
  ×     6
  _____
```

※除了上述題目外，老師或家長可根據學童完成的情形，再提供不同的題目，
　讓學童充分練習。

【練習6-3-3】一位數乘以二位數的直式算則練習

範例：

$$
\begin{array}{r}
\bigcirc \\
\times\ \triangledown\ \Delta \\
\hline
\Delta\ \Delta \\
\triangledown\ \triangledown\ \\
\hline
\square\ \square\ \square
\end{array}
$$

說明：請對下列的直式算則做判斷，假如不正確的話，是為什麼？

1.
$$
\begin{array}{r}
3 \\
\times\ 13 \\
\hline
9 \\
3 \\
\hline
12
\end{array}
$$

2.
$$
\begin{array}{r}
5 \\
\times\ 37 \\
\hline
35 \\
15 \\
\hline
185
\end{array}
$$

說明：請完成下列的直式算則。

1.
$$
\begin{array}{r}
7 \\
\times\ 26 \\
\hline
\end{array}
$$

2.
$$
\begin{array}{r}
4 \\
\times\ 82 \\
\hline
\end{array}
$$

3.
$$
\begin{array}{r}
3 \\
\times\ 78 \\
\hline
\end{array}
$$

4.
$$
\begin{array}{r}
6 \\
\times\ 41 \\
\hline
\end{array}
$$

※除了上述題目外，老師或家長可根據學童判斷及完成的情形，再提供不同的題目，讓學童充分練習。

範例：

$$
\begin{array}{r}
\bigcirc\bigcirc \\
\times\ \odot\square \\
\hline
\square\square \\
\odot\odot \\
\hline
※※※
\end{array}
\qquad
\begin{array}{r}
\bigcirc\bigcirc \\
\times\ \odot\square\boxplus \\
\hline
\boxplus\boxplus \\
\square\square \\
\odot\odot \\
\hline
※※※※
\end{array}
$$

說明：請對下列的直式算則做判斷，假如不正確的話，是為什麼？

1.
$$
\begin{array}{r}
63 \\
\times\ 26 \\
\hline
378 \\
126 \\
\hline
504
\end{array}
$$

2.
$$
\begin{array}{r}
34 \\
\times\ 132 \\
\hline
68 \\
102 \\
34 \\
\hline
35088
\end{array}
$$

說明：請完成下列的直式算則運算。

1.
$$
\begin{array}{r}
67 \\
\times\ 21
\end{array}
$$

2.
$$
\begin{array}{r}
103 \\
\times\ 58
\end{array}
$$

3.
$$
\begin{array}{r}
46 \\
\times\ 178
\end{array}
$$

4.
$$
\begin{array}{r}
3539 \\
\times\ 34
\end{array}
$$

※除了上述題目外，老師或家長可根據學童判斷及完成的情形，再提供不同
　的題目，讓學童充分練習。

問題分析6-4：除法直式運算問題

老師請小婷寫下「835 ÷ 4」的直式算則。

小婷的計算過程如下：

```
        2 8
  4 / 835
      8
    ────
      35
      32
    ────
       3
```

從直式運算中顯示小婷可能對於退位除法計算不完全理解。

　　有些中年級學童在學習除法直式算則時，面對一位數除以一位數（例如：8 ÷ 2），大都可以表現得很好。但是面對需要退位再進行除法的直式算則（例如：835 ÷ 4）時，不一定表現得很好，小婷就是一個例子。

　　估商是除法運算中很重要的過程，老師及家長可以先讓學童處理一些較生活化的問題，例如，分東西或分組的問題（現在有 309 顆彈珠，分成 3 組，請問每一組有多少顆彈珠？），了解學童是否了解估商。以下將對不同類型的除法直式算則運算提供不同的策略及練習，老師及家長可以根據學童的學習狀況，而給予不同的策略及練習。

策略6-4-1　練習相同位數的除法直式運算

　　相同位數除法（例如：一位數除以一位數、二位數除以二位數、三位數除以三位數）的直式運算原則如下：(1)估商，「估商」乃是指將除數乘以某倍數後，以最接近被除數且不超過被除數的倍數作為商。例如：86 ÷ 12，12 × 8 ＝ 96，96 超過 86，所以 8 不可當作

商。12 × 7 ＝ 84，84 比 86 小，所以 7 可以當作商；(2)估商後，再進行除法運算。通常相同位數的除法直式算則，不需要進行退位除法運算（搭配練習 6-4-1）。退位除法是指被除數的高位數必須換成較低位數後再除的運算。

策略 6-4-2　練習不同位數的除法直式運算

不同位數除法（例如：二位數除以一位數、三位數除以一位數、三位數除以二位數、四位數除以一位數、四位數除以二位數、四位數除以三位數）的直式運算原則還是：(1)估商；(2)估商後，再進行除法運算。

在不同位數除法估商的過程中，還需判斷是否要退位除法，或是不要退位除法。退位除法是指被除數的高位數必須換成較低位數後再除的運算，例如：16 ÷ 4，1 比 4 小，所以退一位進行除法。不退位除法是指被除數的高位數不必換成低位數，就能運算的除法，例如：48 ÷ 2。因此，估商過程中，假如與除數有相同位數的被除數數值比除數大的話（例如：873 ÷ 30，87 比 30 還大），就不需要退位除法。假如與除數有相同位數的被除數數值比除數小的話（例如：273 ÷ 30，27 比 30 還小），就需要先退位，再進行估商，也就是先從被除數的次一位進行估商後再運算（例如：273 ÷ 30，因 27 比 30 還小，所以從 273 進行估商）。

當被除數中含有 0 的情形時，商的寫法需要特別注意。例如：606 ÷ 3，被除數的百位數可以直接整除 3，十位數為 0，所以得退位到被除數的個位數進行運算。在退位的同時，也必須在商的十位數補 0，不然的話，就會與小婷犯同樣的錯誤。老師及家長可以給學童一兩個範例後，請學童進行辨識所呈現的直式算則運算正不正確。假如不正確的話，請學童說明為什麼不正確。最後再請學童進行直式算則運算（搭配練習 6-4-2，見第 181 頁）。

【練習 6-4-1】相同位數的除法直式運算練習

說明：請完成下列的直式運算。

1.   3$\overline{)\,9}$ 2.   13$\overline{)\,78}$

3.   131$\overline{)\,524}$ 4.   15$\overline{)\,90}$

5.   1012$\overline{)\,6072}$ 6.   124$\overline{)\,868}$

7.   3$\overline{)\,6}$ 8.   2215$\overline{)\,6645}$

※除了上述題目外，老師或家長可根據學童完成的情形，再提供不同的題目，
   讓學童充分練習。

【練習 6-4-2】不同位數的除法直式計算練習

範例：

```
      202                        202
  3 ) 606                   25 ) 5055
      6                          50
      ─                          ──
      6                          55
      6                          50
      ─                          ──
      0                           5
```

說明：請對下列的直式算則做判斷，假如不正確的話，是為什麼？

```
1.        47              2.          8
      9 ) 428                  84 ) 6752
          36                       6720
          ──                       ────
          68                         32
          63
          ──
           5
```

```
3.        27              4.          3
     31 ) 8391                 65 ) 255
          62                       195
          ───                      ───
          219                       60
          216
          ───
           31
```

說明：請完成下列的直式算則運算。

1. 78) 902   2. 32) 3209

3. 67) 2697   4. 8) 3209

【練習 6-4-2】（續）

5. $4\overline{)\,165}$ 6. $22\overline{)\,1093}$

7. $97\overline{)\,5820}$ 8. $41\overline{)\,861}$

9. $15\overline{)\,375}$ 10. $7\overline{)\,98}$

※除了上述題目外，老師或家長可根據學童判斷及完成的情形，再提供不同
　的題目，讓學童充分練習。

整數文字題

張景媛、陳萩卿

個案一：曉玉

　　曉玉是國小中年級的學生，平常在學校的學業成績中等，作業
多能按時完成，但卻不太喜歡做數學的練習題。老師仔細觀察曉玉
的上課表現，再和其他科老師討論後，發現她在有興趣科目的課堂
中參與度很高，但是，在上數學課時卻常常無精打采，尤其一遇到
數學考試就顯得相當緊張。

　　老師為了進一步了解她的數學能力，特別出一些數學題目讓她
練習，結果發現其實曉玉的數學基本運算能力還不錯，但在解某些
類型的數學文字題時有困難。例如：面對數學文字題「**每 4 人坐一
輛計程車，現在有學生 38 人，請問共需要幾輛車才能載完所有的
人？**」曉玉可以列出 38 ÷ 4，並算出答案是 9 餘 2，但卻很快的回
答「9 輛」。當老師提醒她：「還剩下一些人怎麼辦呢？」，她才
回答：「對噢！」，並急忙擦掉原來的答案，重新寫上 9 ＋ 2 ＝ 11，
很有信心的回答：「11 輛。」老師只好在黑板上畫 38 個圈圈代表
學生 38 人（○○○○○……），再請她將每 4 個○圈成一堆，剩下
不夠 4 個的再圈成一堆（⬭○○○○○……），老師發現雖然曉玉知
道共有 10 堆，但在做算式時卻還是回答 9 輛。

　　這天老師批改數學作業時，又發現曉玉解數學文字題時，又出
現一些狀況，例如：「**汽水每瓶 15 元，三年一班有 10 人購買，付
了 200 元，請問能找回多少錢？**」曉玉寫下 15 × 10 ＝ 150，並回答
還能找回 150 元。於是，老師特地將她找來，請她再仔細看一次題
目，只見她讀完整個題目後，怯怯的看著老師，好像不曉得為什麼
老師要她再看一次題目。當老師提醒她：「題目中大家付了 200
元。」，她看著題目發呆，似乎不知道這個訊息和答案有什麼關係
……。

　　老師想確定曉玉是不是遇到這類問題都有同樣的錯誤，所以再

出了數學文字題：「**鉛筆每枝 5 元，小花買了 7 枝，付給老闆一個 50 元的硬幣，請問能找回多少錢？**」結果曉玉回答 5 × 7 ＝ 35 元，老師一樣再提醒她：「**小花付給老闆一個 50 元硬幣**」，這次她知道要算老師提醒的數字，但卻寫下 35 × 50，並算上半天……。

綜合問題診斷

➠ 曉玉的數學基本運算能力還不錯，也熟悉許多解題的策略，所以當她約略掌握數學文字題的意思後，常常會急著解題，而無法將真實生活情境與數學題目假設情境兩者間的關係加以連結，所以答出令人意想不到的答案。此時她的困擾是「**無法將題目和日常生活經驗產生連結**」。

➠ 曉玉在面對多步驟運算的數學文字題時，未能察覺需要運用多步驟，所以依照過去低年級時的解題經驗，完成第一個解題步驟就寫答案。她的主要問題是受過去低年級學習經驗的影響，「**不了解題目需要多步驟運算**」。

➠ 從曉玉的解題過程中可以發現，她知道要處理老師提醒的訊息，但卻不曉得不同的問題需要運用不同的解題策略，或是她沒有仔細思考題目，學乘法時就用乘法，學減法就用減法，運用相同的運算法處理題目中的各項數字。她的問題是「**用目前正在學習的計算方式解所有的題目**」。

➠ 曉玉不喜歡上數學課，學習數學的意願低落，卻很在意數學表現，所以在數學考試時，可明顯感覺到她的焦慮與擔心，這表示雖然她不喜歡學習數學，但仍期望維持數學表現的水準。此時她的問題可能是「**缺乏學習數學的動機**」、「**對學習數學產生焦慮**」以及「**未能從數學學習中獲得成就感**」。

➠ 曉玉在和老師互動中，可能是因為緊張，導致誤解老師的意思。她的問題是「**只接收到老師片段的引導**」。

問題分析 7-1：無法將題目和日常生活經驗產生連結

　　曉玉在解題的過程中，具有基本的數學運算能力，也能運用合適的解題策略，但她卻在大約掌握數學文字題的意思後，就常急著解題，而沒有考慮真實生活情境與數學文字題假設情境之間的關係。此時她主要的問題是「**無法將題目和日常生活經驗產生連結**」。所以除了盡量擴展她的日常生活經驗之外，還需要考慮她正處於具體運思的認知階段，強調她的各種優勢智能，透過實際操作、繪圖、角色扮演等方式，幫助她連結日常生活與數學題目的關係。

策略 7-1-1　用自己的話說出題目的意思

　　我們需先確認學生對數學文字題的了解程度，所以可請學生唸一次題目，並請他用自己的話說出題目的意思（搭配練習 7-1-1），在學生重述題意的過程中，老師或家長需仔細觀察學生閱讀題目的流暢程度，以清楚掌握他對數學文字題的理解程度。

【練習 7-1-1】用自己的話說出題目的意思

說明：讓學生在讀完整個題目之後，用自己的話說出題目的意思，老師或家
長在過程中需仔細觀察學生對題目的了解程度。

> 請將下面的題目唸一遍，用自己的話說出題目的意思

例 題：「將 35 個積木，平均分成 4 堆，盡量分完，一堆有幾個積
木？還剩下幾個積木？」

參考答案：「現在有 35 個積木在這裡，我們想要把這些積木平均分成 4 堆一樣的，
還要全部都分完，那這樣每一堆裡會有多少個積木？如果分完之後還有
剩下的話，還會剩下多少個積木呢？」
（盡量讓孩子用自己的話表達出題目中的意思，並鼓勵他用自己的話說
出題目的意思）

練習題：「47 瓶果汁，5 瓶裝一袋，盡量分完，可以裝成幾袋？還會
剩下幾瓶？」

練習題：「小花有 29 顆糖果，發給每人 3 顆，盡量分完，請問小花共
可分給幾個人？還剩下幾顆糖果？」

※除上述題目外，老師或家長可提供各種題目，讓孩子充分練習。

策略 7-1-2　實際動手操作

　　依據皮亞傑的認知發展理論，國小中年級的學童尚處於具體運思的認知階段，透過實際操作的方式，將能幫助學生更加理解題意。例如：提供學生足夠的實物（車子、人物模型、糖果等），讓學生實際動手將東西分為數堆，並讓學生數一數共分為幾堆及剩下多少。此外，用來進行實際操作法的練習題，可由簡單同類的題目（搭配練習 7-1-2.1），逐漸加深加廣並延伸到不同類的題目（搭配練習 7-1-2.2）。

【練習 7-1-2.1】實際動手操作：簡單同類的題目

說明：請學生根據底下題目的意思，動手把糖果平均分成數堆，再數一數共
　　　可分成幾堆？還剩下幾顆糖果？

$$\boxed{\text{動手做做看！}}$$

$\boxed{\text{例　題}}$：「將 15 顆糖果，每 4 顆分成一堆，盡量分完，共可分成幾
　　　　堆？還剩下幾顆糖果？」

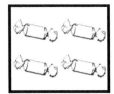 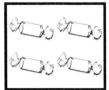 

$\boxed{\text{練習題}}$：「28 顆糖果，每 5 顆裝成一袋，盡量分完，共可以裝成幾
　　　　袋？還剩下幾顆糖果？」

$\boxed{\text{練習題}}$：「小玉有 37 顆糖果，分給每位同學 3 顆，盡量分完，請問小
　　　　玉共可分給幾個人？還剩下幾顆糖果？」

※除上述題目外，老師或家長可提供各種題目，讓孩子充分練習。

【練習 7-1-2.2】實際動手操作：延伸到不同類型的題目

說明：做完練習 7-1-2.1 之後，實際動手操作不同類型的題目，並試著說出如何算出題目的答案。

例　題：「大維原來有 11 個 5 元的硬幣，買文具花掉 32 元，媽媽又給他 147 元，請問大維現在有多少錢？」

一、實際操作：

1. 準備紙鈔與硬幣（可用教具代替），學生依照題目中的情境取得大維原來有的 11 個 5 元硬幣（此時老師或家長可以提問：「大維原來共有多少錢？」）。

2. 請學生練習用原來有的錢買 32 元的文具（此時提問：「大維買了 32 元的文具後，還剩下多少錢？」）如果學生回答不出來，可以讓他實際算算看現在自己剩下的錢。

3. 接著老師或家長扮演媽媽的角色，再給學生 147 元，最後請學生數一數現在共有多少錢。

二、說說看，運算步驟：請學生回顧過程，並試著說說看他如何算出答案。

練習題：「小花一天存 15 元，要存多少天才會存到 150 元？」

練習題：「一條繩子總長 6 公尺，爸爸剪掉一段後，還剩下 3 公尺 20 公分，請問剪掉的那一段是幾公尺幾公分？」

※除上述題目外，老師或家長可提供各種題目，讓孩子充分練習。

策略 7-1-3　在真實情境練習理解題意

老師或家長可透過不同的生活情境，讓學生在真實的生活情境中進行數學運算，幫助學生體驗真實情境下可能會遇到的各種狀況，並引導學生了解面對不同狀況，需要運用不同的計算方法（搭配練習 7-1-3）。

策略 7-1-4　辨別可能的答案

曉玉在解坐車的問題時，能了解數學題目的意思，也會列出算式，但卻不了解日常生活情境中，即使剩下的 2 人不能坐滿一輛計程車，還是需要再多一輛車子搭載。事實上，這種情況不只是發生在曉玉這個個案，也常常出現在國小中低年級的學生身上，尤其是當老師提醒學生還剩下 2 個人時，學生的回答常會出人意料，包括：$9 + 2 = 11$（將不同單位加總）、9 又 $\frac{3}{4}$ 輛（未考慮真實情境，車子以一輛為單位）等。本單元主要處理曉玉無法連結日常生活經驗的部分，透過以直觀的方式分辨可能答案的練習活動（搭配練習 7-1-4，見第 193 頁），幫助她了解在數學運算時需要考慮真實情境。至於不同單位加總的問題，請參考單元六數概念的部分。

【練習 7-1-3】在真實情境練習理解題意

說明：老師或家長需盡量提供學生在真實情境中進行數學運算的機會，讓孩子逐漸了解真實生活情境和數學題目之間的關係。

範例一：

☙ 老師在學校可以運用角色扮演等方式

1. 可在教室中佈置買賣東西的場景，讓學生扮演店家與顧客，實際練習賣東西時，如何找錢、定價或議價等。

2. 可搭配學校遊園會的活動，設計一些買賣的情境，讓學生在類似生活的情境中運算數學。

範例二：

☙ 家長平時帶孩子去買東西的情境

1. 可盡量讓孩子練習付錢與找錢，幫助孩子發現要買 20 元的東西，如果剛好付 20 元不需要找錢，如果付 50 元就必須找回 50 − 20 ＝ 30 元，如果身上只有 15 元，就還需要再 5 元才能買到該樣東西……等。

2. 當買好各種東西之後，可以讓孩子練習算算看總共花了多少錢。

※除上述例子外，老師或家長還想到可在哪些情境中讓孩子練習計算呢？

【練習 7-1-4】辨別可能的答案

說明：老師或家長需先盡量舉出各種可能與不可能的答案，再請學生以直觀的方式，分辨哪些是可能的答案，哪些又是不可能的答案，並說一說原因。

範　例：

「停車場裡有 10 又 $\frac{1}{2}$ 輛汽車」這是可能的答案嗎？（不可能）

「妹妹切了 8 又 $\frac{1}{2}$ 個蛋糕」這是可能的答案嗎？（可能）

因為我發現車子是一輛一輛數的，不能把車子分成一半，變成 $\frac{1}{2}$ 輛；但是，蛋糕可以是一塊一塊數，也可以用刀子把它切成一半，變成 $\frac{1}{2}$ 塊。

練習題：

「$\frac{1}{3}$ 個人」

這是可能的答案嗎？（　　　　　），因為＿＿＿＿＿＿＿＿

「哥哥吃了 $\frac{2}{3}$ 條的吐司」

這是可能的答案嗎？（　　　　　），因為＿＿＿＿＿＿＿＿

「小南在花園裡種了 14 又 $\frac{1}{2}$ 棵花」

這是可能的答案嗎？（　　　　　），因為＿＿＿＿＿＿＿＿

「弟弟 2 點 40 分從家裡出發到學校，在 2 點 38 分抵達學校」

這是可能的答案嗎？（　　　　　），因為＿＿＿＿＿＿＿＿

※上述活動需注意隨時依學生反應加入引導性的對話。

策略 7-1-5　繪圖法

　　雖然運用實際操作的方式，可以幫助學生更快掌握題目意思，了解數學文字題的解題步驟，但某些時候（例如：題目中使用的數字較大、描述的情境較複雜、準備實物方面有困難等），我們在運用實際操作時會有困難。此時可考慮採用繪圖法等其他方式（搭配練習 7-1-5），盡量貼近學生的強勢智能，進一步幫助學生輕鬆掌握題目的意思與解題步驟。

【練習 7-1-5】繪圖法練習題

說明：在學生運用繪圖解題的過程中，老師或家長需要適時引導他一邊繪圖，
　　　一邊說出題目的意思。

$$\boxed{\text{畫畫看，請將題目的意思畫出來}}$$

例　題：「紅色積木每塊厚 3 公分，4 塊堆成一疊；綠色積木每塊厚
　　　　2 公分，5 塊堆一疊。請問紅色和綠色積木兩疊差幾公分？」

畫畫看：

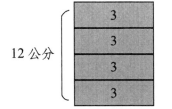

練習題：「工人鋪路，上午鋪了 180 公尺，下午鋪了 270 公尺，請問
　　　　工人在上午和下午共鋪了幾公尺？」

畫畫看：

練習題：「國語作業簿一本 12 元，小凱買了 10 本，共需付多少元？
　　　　後來再買 2 本，請問還要再付多少元？」

畫畫看：

※除上述題目外，老師或家長可提供各種題目，讓孩子充分練習。

問題分析 7-2：不了解題目需要多步驟的運算

在面對需要多步驟運算的數學題目時，曉玉容易根據自己過去的解題經驗，認為一個問題僅需要一個解題步驟就可以完成，所以在做完第一個解題運算後，就誤以為已經是正確答案。此時她主要的問題是受到過去低年級算完一個式子就得出答案的影響，「不了解題目需要多步驟運算」。

策略 7-2-1　覺察多步驟的數學運算題

學生在低年級的數學學習，通常以單一步驟的簡單數學題為主，所以學生只要做完一個運算步驟，就可以得到正確的答案。但是升上中年級以後，學生需要開始處理兩個以上運算步驟的數學題，這時學生很容易受到過去低年級時解題經驗的影響，而沒有察覺題目需要進行多步驟的運算。為了幫助學生了解有些題目需要運用較多步驟的運算才能算出答案，此時可以透過由淺入深、循序漸進的活動（搭配練習 7-2-1），讓學生逐漸了解有些題目需要用到兩個以上的運算步驟。

【練習 7-2-1】覺察多步驟的數學運算題

說明：老師或家長可先讓學生練習僅需要一次運算就得出答案的簡單題目，
再循序漸進讓學生練習需要兩次、三次或三次以上運算才能得出答案
的多步驟題目。

例題一：「餅乾一包 10 元，哥哥買了 2 包，請問他花了幾元？」
請問要如何計算？

例題二：「餅乾一包 10 元，哥哥買 2 包，妹妹又買 1 包，請問共要幾
元？」
1.請問要如何計算？
2.你用幾個式子計算出來的？

例題三：「餅乾一包 10 元，哥哥買 2 包，妹妹買 1 包，請問共要幾
元？他們一起付了 50 元，請問會找回幾元？」
1.請問要如何計算？
2.你用幾個式子計算出來的？

※上面每個題目的計算方式有哪些不同呢？（例如：有些題目需要好幾個式
子才能計算出正確答案，有些題目只要一個式子就可以得出正確答案……）

策略 7-2-2　熟練計算多步驟的題目

　　當學生了解在有些情況下，只用一個計算步驟並無法解決問題後，老師或家長可提供要算兩個步驟以上才能解答的數學題目讓學生練習，幫助學生熟悉處理多個運算步驟的題目（搭配練習 7-2-2）。當學生了解並熟悉這類題目之後，可以視學生的個別情況，逐漸加大數值或提供較多運算步驟的題目，讓學生進行解題。

【練習 7-2-2】熟練計算多步驟的題目

說明：老師或家長可以先提供兩個解題步驟的題目，當學生熟悉之後，再依
　　　據學生個別的學習狀況，逐步加大數值或提供更多步驟的題目，讓學
　　　生練習解題。

算算看，請回答底下的題目

練習題：「一條緞帶長 12 公尺，媽媽用掉 3 公尺，哥哥再用掉 5 公
　　　　尺，請問還剩下幾公尺？」

練習題：「作業簿每本 5 元，班上有 20 個人買，請問共需付多少錢？
　　　　後來又有 2 個人買，請問還需要再付多少錢？」

練習題：「小明 6 點 25 分開始寫作業，用 20 分鐘寫完第一份，再用
　　　　20 分鐘寫完第二份，他寫完這兩份作業時，是幾點幾分？」

※除上述題目外，老師或家長可提供各種題目，讓孩子充分練習。

問題分析 7-3：
用目前正在學習的計算方式解所有的題目

從曉玉解數學文字題的過程中，我們發現她已經了解到有些題目需要兩個以上的解題步驟才能成功解題。但是她在獨自解題時，卻很容易只注意到題目中的某部分訊息，依賴目前所學得的運算策略，而不曉得一個問題可能需運用各種不同的解題策略，所以不會針對問題作答。此時她的主要問題在於「用目前正在學習的計算方式解所有的題目」。

策略 7-3-1　找出題目的重點

一個數學題目通常會有幾個重點，學生需要先發現題目中的每個重點，接著了解每個重點之間的關係，再運用適當的策略逐步進行解題，最後完成所有解題的步驟。可見幫助學生發現題目中的每個重點，是提升其解題能力的第一步。因此，老師可以先讓學生用線劃出或圈出題目中的每個重點（搭配練習 7-3-1.1），並讓學生用自己的話說一說每個重點的意思（搭配練習 7-3-1.2）。以買鉛筆的題目為例，題目中包括以下幾個重點：「小花買的鉛筆每枝多少錢？」、「她買了幾枝鉛筆？」、「她買鉛筆花了多少錢？」、「她共付了多少錢？」、「還會找回多少錢？」等。

【練習 7-3-1.1】劃出題目的重點

說明：老師或家長先出一些數學題目，請學生在讀完整個題目後，找出題目
　　　中的重點，並把它劃出來或圈起來。如果學生漏掉某些重點，老師或
　　　家長可再提醒學生檢查題目中還有哪些重點。

┌───┐
│　　找一找，題目中有哪些重點，並把重點劃出來　　│
└───┘

例　題：「鉛筆每枝 5 元，小花買了 7 枝，付給老闆一個 50 元的硬
　　　　幣，請問能找回多少錢？」

【劃出題目中的重點】

　　「鉛筆每枝 5 元，小花買了 7 枝，付給老闆一個 50 元的硬幣，請
問能找回多少錢？」

練習題：「字典每本厚 26 公分，拿 5 本堆成一疊；課本每本厚 8 公
　　　　分，拿 6 本堆成一疊，請問兩疊相差幾公分？」

練習題：「一籃梨子平分給 15 人，每人可得 6 個。如果平分給 9 人，
　　　　每人將會得到幾個梨子？」

練習題：「故事書每本有 87 頁，小志看了 3 本，請問小志共看了幾
　　　　頁故事書？」

※除上述題目外，老師或家長可提供各種題目，讓孩子充分練習。

【練習 7-3-1.2】劃出重點後說出題目的意思

說明：當學生完成練習 7-3-1.1 劃出題目中的每個重點後，可再用自己的話，
　　　說出題目中的每個重點。

> 用自己的話，說一說，題目中有哪些重點

例　題：「鉛筆每枝 5 元，小花買了 7 枝，付給老闆一個 50 元的硬
　　　　幣，請問能找回多少錢？」

請用自己的話，說一說，題目中有哪些重點？

1. 「小花買的鉛筆每枝多少錢？」
2. 「小花買了幾枝鉛筆？」
3. 「小花買鉛筆共花了多少錢？」
4. 「小花付了多少錢？」
5. 「還會找回多少錢？」

練習題：「字典每本厚 26 公分，拿 5 本堆成一疊；課本每本厚 8 公
　　　　分，拿 6 本堆成一疊，請問兩疊相差幾公分？」

練習題：「一籃梨子平分給 15 人，每人可得 6 個。如果平分給 9 人，
　　　　每人將會得到幾個梨子？」

練習題：「故事書每本有 87 頁，小志看了 3 本，請問小志共看了幾
　　　　頁故事書？」

※除上述題目外，老師或家長可提供各種題目，讓孩子充分練習。

策略 7-3-2　讓學生兩兩互相提問重點

　　為了讓學生更了解數學題目中的每個重點，除了讓學生自己練習找出題目中的每個重點之外，也可以運用同儕合作的方式，讓學生兩人一組，針對題目中的問題互相提問，使其更加了解題目中的每個重點，並藉此發現自己所遺漏掉的重點（搭配練習 7-3-2）。

策略 7-3-3　發現解題需要用到各種運算策略

　　當學生能找出題目中的每個重點，並了解每個重點之間的關係後，接著需幫助他察覺到：同一個題目中的每個重點可能需要運用不同的運算策略，所以可先讓學生察覺解答某些題目需用到不同的運算策略（搭配練習 7-3-3.1，第 205 頁），再幫助學生為題目中的每個重點找出適合的運算策略，最後將每個重點與運算策略加以連結（搭配練習 7-3-3.2，第 206 頁），幫助學生成功解題。

策略 7-3-4　提供不同運算策略的練習題

　　曉玉在算數學問題時，很容易因為正在學乘法，所以在解數學文字題時，不管遇到什麼問題都用乘法來運算，而不會針對問題思考合適的解題策略。為了讓學生了解一種解題策略並不適用於所有問題，老師在出數學題時需避免只提供同類型的題目（搭配練習 7-3-4，第 207 頁），應該盡量提供運用各種不同策略的數學文字題，讓學生從中了解做數學題目時，需要先思考適當的運算策略，才能成功解題。

說明：學生完成練習 7-3-1.1 與練習 7-3-1.2 後，老師可將學生兩人分為一組，
　　　讓他們針對練習題，彼此互相提問。

請和你的伙伴，互相問問題！

例　題：「鉛筆每枝 5 元，小花買了 7 枝，付給老闆一個 50 元的硬
　　　　幣，請問能找回多少錢？」

甲：「你知道小花買了多少枝鉛筆嗎？」　乙：「小花買了 7 枝。」
乙：「請說鉛筆一枝多少錢？」　甲：「一枝五元。」……
學生兩兩相互提問，直到算出答案為止。

練習題：「錄音帶每捲 90 元，姊姊先買 8 捲，弟弟再買 5 捲，共花了
　　　　多少錢？」

練習題：「火車到了車站後，有 510 人下車，車上還剩下 208 人，請
　　　　問火車上原來有多少人？」

練習題：「爸爸想把 23 包白米平分裝到 4 個箱子，盡量分完，請問
　　　　一個箱子可裝幾包白米？還剩下幾包？」

※除上述題目外，老師或家長可提供各種題目，讓孩子充分練習。

【練習 7-3-3.1】發現不同的運算策略

說明：此時學生僅需發現某些題目需用到兩個以上不同的運算策略即可，未必要算出正確答案。

例 題：「鉛筆每枝 5 元，小花買了 7 枝，媽媽付給老闆一個 50 元的硬幣，請問能找回多少錢？」

一、請列式算出：

　　1. 「鉛筆每支 5 元，小花買 7 枝鉛筆，共花了多少錢？」

　　　　$5 \times 7 = 35$

　　2. 「如果小花花了 35 元，媽媽幫她付了 50 元，還會找回多少錢？」

　　　　$50 - 35 = 15$

二、在鉛筆這個題目中，用到＋、－、×、÷中的哪些方法？

練習題：「一箱蘋果平分給 25 人，每人可分得 3 個。如果平分給 15 人，每人將會得到幾個蘋果？」

一、請列式算出：

　　1. 「一箱蘋果平分給 25 人，每人可分得 3 個，這箱蘋果共有幾個？」

　　2. 「如果這箱蘋果有 75 顆，再平分給 15 個人，每個人可得幾顆？」

二、在蘋果這個問題中，用到＋、－、×、÷中的哪些方法？

※提醒學生自己是不是已經發現一個題目有時要用到×法和－法，有時要用到×法和÷法？請學生再仔細觀察，數學習作中的哪些問題，也需同時用到不同的算法呢？

【練習 7-3-3.2】為每個重點找出適合的運算法

說明：學生完成練習 7-3-3.1 後，不但需察覺一個題目可能要用到兩個以上不同的運算策略，也需為題目中的每個重點找出適合的運算法，逐步算出問題答案。

例 題：「鉛筆每枝 5 元，小花買了 7 枝，媽媽付給老闆一個 50 元的硬幣，請問能找回多少錢？」

【請依序回答下列每個問題】

1. 「小花買的鉛筆每枝多少錢？」（每枝 5 元）
2. 「小花買了幾枝鉛筆？」（買了 7 枝）
3. 「小花買鉛筆共花了多少錢？」（每枝 5 元，買了 7 枝，$5 \times 7 = 35$）
4. 「媽媽幫小花付了多少錢？」（付了 50 元）
5. 「媽媽付 50 元，會找回多少錢？」（付 50 元，花 35 元，$50 - 35 = 15$）

練習題：「字典每本厚 26 公分，拿 5 本堆一疊；課本每本厚 8 公分，拿 6 本堆一疊，請問兩疊相差幾公分？」

1. 「每本字典厚幾公分？」、「幾本字典疊在一起呢？」
2. 「每本字典厚 26 公分，5 本字典疊在一起，這疊字典厚幾公分？」
3. 「每本課本厚幾公分？」、「幾本課本疊在一起呢？」
4. 「每本課本厚 8 公分，6 本課本疊在一起，這疊課本厚幾公分？」
5. 「比較一下，字典疊得高還是課本疊得高？」
6. 「算算看，這兩疊的高度相差幾公分？」

※提醒學生回頭看看題目，檢查一下，是不是已經算出自己原來不會算的題目呢？

【練習 7-3-4】提供不同運算策略的練習題

說明：為避免學生習慣於運用當時正在學的運算法解所有的題目，老師可在
　　　出數學文字題時，盡量提供運用各種不同策略的練習題。

範例：

一、現在正在學習乘法的單元，學生必須熟練運用乘法的數學文字題。

　　例如：「一塊空地長 20 公尺，寬 15 公尺，它的面積是多少平方公尺？」

　　「雨傘每把 99 元，媽媽買了 2 把，請問媽媽要付多少元？」

二、老師可再出運用各種計算法的題目讓學生練習。

　　例如：「空地寬 15 公尺，面積是 300 平方公尺，這塊空地的長是幾公
　　尺？」

　　「雨傘每把 99 元，小華買了 1 把，小英買了 2 把，請問他們共要付多少
　　元？」

※老師在出練習題時，可運用學生學過的各種計算法，讓學生了解在解數學
　題目時需思考合適的解題策略。

問題分析 7-4：
缺乏數學學習動機、產生數學考試焦慮

　　老師仔細觀察曉玉的上課狀況，發現她不太喜歡上數學課，學習數學的意願低落，但卻仍很在意自己的數學表現，所以在數學考試時，可以明顯感覺到她的緊張與擔心。這表示雖然曉玉不喜歡學習數學，但仍期望能夠維持數學表現的水準。此時她的問題主要是「缺乏學習數學的動機」與「對數學有考試焦慮」，關於這部分的策略與練習，請參考本冊的單元十。

請參閱本冊學習動機的部分

問題分析 7-5：只接收到老師片段的引導

　　教師在引導學生思考數學文字題時，有可能是看到學生哪裡有錯誤，就針對學生問題進行引導；但是學生可能沒有發現自己的問題，沒有跟上老師思考的速度。

　　因此，教師要察覺學生的狀況，盡量讓學生講自己的想法為何，教師再從學生的想法中進行引導。切忌從中冒出一句話，讓學生不知道老師在說什麼。

個案二：小豪

小豪是國小四年級的學生，級任老師發現小豪三年級時的數學成績還不錯，但是在升上四年級之後的幾次數學評量中，他的表現都遠不如三年級時的水準。老師仔細觀察小豪在學校的行為表現，結果發現他除了在數學課堂中的參與度低之外，其餘表現也還算正常，各項作業也都能按時繳交。老師心裡很納悶：「到底為什麼小豪的數學表現會退步？」

為了了解小豪究竟在學習數學時遇到哪些困難，老師特地找出他過去幾次的數學考卷，結果發現小豪雖然在計算題的答對率還滿好的，但在某些數學文字題的解題表現卻不好，尤其是在稍微複雜或需要多次轉換的題目上，他常常出錯或空下來沒有作答。例如：數學文字題：「**操場一圈長約 200 公尺，爸爸跑了 2 圈，媽媽跑了 300 公尺，請問誰跑的距離比較長呢？長多少公尺？**」，他看了一會兒題目，然後回答 200 × 2 ＝ 400 公尺，老師提醒他：「媽媽也跑了 300 公尺」，他才說：「對喔，我忘記了！」，但卻回答 400 ＋ 300 ＝ 700 公尺。老師覺得他好像沒有看懂整個問題，於是再跟他說：「再看一下題目問些什麼，他們誰跑得比較遠呢？」老師發現小豪平時做數學作業時，只要遇到這種稍微複雜或需要轉換的題目，常常會空下來沒有作答，或是只挑一些較簡單的題目回答。

另外，老師也發現小豪似乎不喜歡做圖文配合的題目，為了吸引他的興趣，老師還特地出了圖文並茂的文字題組（如下）讓他練習，結果卻發現他還是空下來沒作答，當老師問他：「指出市政府在圖上的哪個位置？」只見他搖搖頭靦覥的看著老師，卻答不出來……。

◎文字題組：

1. 小欣從家裡經市政府到學校要走（　　）公尺。

2. 小欣從家裡經市政府到社區公園要走（　　）公里。

3. 老師從學校到車站大約要走（　　）公尺。

4. 小欣要到車站，走哪一條路比較近？兩條路相差（　　）公尺。

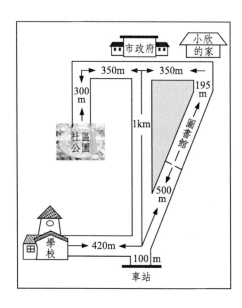

綜合問題診斷

▶▶ 從小豪解題過程中，可以發現當問題需要兩個以上的步驟才能成功解決時，他很容易只考慮題目中第一部分或最後部分的訊息，而無法同時掌握題目中的所有訊息，所以在處理題目中的某部分訊息之後，就很有信心的作答。此時小豪主要的問題是「**無法同時掌握題目的各項訊息**」。

▶▶ 如果題目需要經過較多層的思考，小豪往往沒有耐心思考問題就直接放棄努力，或是在完成第一層思考後即認定是正確答案，而未再進行第二層的思考，所以無法完成整個解題的認知歷程，甚至有時會在不同層次的思考過程中出錯，因而答非所問。此時他主要的問題是不願花力氣做多層思考的數學文字題，這可能是因為小豪「**逃避困難的題目**」或「**容易在多層思考的過程中出錯**」。

▶▶ 小豪遇到圖文配合的數學文字題組時，即使老師提供圖片幫助他理解題目的意思，他還是沒辦法搭配圖片來降低題目難度，甚至覺得圖片是另一項新的訊息，所以看到類似的數學題型時，他常會空下來沒有作答，或是不斷出現相同的錯誤。此時他主要的問題可能包括：「**空間關係欠佳**」以及「**無法將題目的意思與空間圖產生連結**」。

問題分析 7-6：無法同時掌握題目的各項訊息

　　當小豪遇到需要同時考量多個訊息的題目時，他很容易只考慮到題目中的某部分訊息，卻無法同時觀察到題目中的各項訊息。此時他主要的問題在於「**無法同時掌握題目的各項訊息**」，這可能是他還沒有培養出對題目訊息的觀察力、過去沒有同時處理多項訊息的解題經驗，或是題目中的各項訊息已經超過小豪目前認知負荷的量等原因所造成。

策略 7-6-1　提升學生的觀察力

　　增加學生的觀察力有助於學生察覺數學文字題中的各項訊息，藉由找出並選擇有效的解題訊息，才有機會成功解題。例如：以數學文字題為例，「麵包每個 10 元，媽媽買了 12 個，哥哥買了 5 個，兩人共付 250 元，請問還能找回多少錢？」在這個題目中，每個麵包 10 元、媽媽買了 12 個、哥哥買了 5 個、共付 250 元、找回多少錢，這五項訊息都是對成功解題有用的訊息，忽略任何一個訊息都無法完成解題過程。由於觀察力需先從日常生活中開始培養，再引導到數學解題過程，所以可運用一些觀察練習，逐步提升學生的觀察力（搭配練習 7-6-1.1 與練習 7-6-1.2）。

【練習 7-6-1.1】遊戲活動：觀察周遭生活中的事物

說明：藉由觀察日常生活中的各種事物，提升學生觀察各種訊息的能力。

仔細觀察，它們哪裡不一樣？

　　從你身旁的各種事物中，選出一樣你想要觀察的東西，仔細觀察，它有哪些不同的地方？（將你觀察到的寫下來或畫下來！）

例　題：我發現這兩張椅子不一樣，一個是方的，有四隻腳；一個是圓的，有三隻腳。

練習題：我觀察的事物是：

　　　　我看到不一樣的地方是：

※在孩子完成觀察記錄之後，老師或家長可讓孩子想一想，這些事物為什麼會不一樣？

【練習 7-6-1.2】遊戲活動：大家來找碴

說明：老師或家長先設計一些情境，讓學生找出情境中所遺漏的各項訊息，
　　　透過遊戲活動的方式，培養學生的觀察能力，並提升學生思考數學解
　　　題過程的樂趣。

> 仔細觀察，說一說，大雄忘了哪些部分？

　　今天大雄正在寫數學作業時，靜香打電話來邀請他去參加同樂會，大雄
急忙寫完作業，底下是他的數學作業，你發現他忘記哪些部分呢？

一、「爸爸帶 620 元逛書店，買雜誌花了 270 元，買故事書花了 160 元，請
　　問他共花了多少元？還剩下幾元？」

$$
\begin{array}{r}
620 \\
- 270 \\
\hline
350
\end{array}
$$
　　　　　答案：爸爸花了 270 元，還剩下 350 元

【你發現大雄忘了算哪些部分？】

二、「有一條麵包長 38 公分，切下 14 公分給哥哥，其餘的給弟弟和妹妹兩
　　人平分，請問弟弟拿到多長的麵包？」

$38 \div 2 = 14$
　　　　答案：弟弟拿到 14 公分長的麵包

【你發現大雄出了哪些問題？】

※其他方式：老師或家長還想到有哪些方式可以增進孩子的觀察力呢？

策略 7-6-2　他人回饋（合作學習）

學生因為對題目訊息的掌握程度不同，所以會有不同的解題表現。藉由小組討論或同儕回饋的方式，能使學生從各種不同的角度來看問題，有助於察覺自己尚未掌握到的訊息。因此，老師可將練習 7-6-1.2 的遊戲活動加以延伸，將五至六人分為一個小組，在小組討論中，每位學生輪流說出自己的觀察，並在聽完小組其他成員的觀察後，比較自己與他人的差異，從合作學習的過程中獲得他人回饋，幫助自己逐漸掌握題目中的各項訊息（見練習 7-6-2）。

策略 7-6-3　發現題目中每個重點之間的關係

在解數學文字題時，學生可能因為題目中的各項訊息，已經超過其認知所能負荷的量，所以無法同時掌握題目中的各項訊息。此時可幫助學生了解題目中每個重點的關係，並將題目中的所有訊息連結起來，藉此降低學生的認知負荷量（搭配練習 7-6-3，見第 218 頁）。

【練習 7-6-2】他人回饋——比較自己和他人的觀察結果

說明：學生完成練習 7-6-1.2 的活動後，老師將學生五至六人分為一組，讓學生進行小組討論，提供學生比較自己和他人觀察結果的機會。

> 和小組討論，你的發現和他們一樣嗎？

　　今天大雄正在寫數學作業時，靜香打電話來邀請他去參加同樂會，大雄急忙寫完作業，底下是他的數學作業，你發現他忘記哪些部分呢？

一、「爸爸帶 620 元逛書店，買雜誌花了 270 元，買故事書花了 160 元，請問他共花了多少元？還剩下幾元？」

```
    620
  − 270
    350          答案：爸爸花了 270 元，還剩下 350 元
```

1. 跟小組的同學說一說自己的發現。

2. 聽一聽，其他人有哪些觀察發現？

3. 想一想，我的發現和其他人一樣嗎？哪些人的發現和我一樣？哪些人的發現和我不一樣？哪裡不同？

二、「有一條麵包長 38 公分，切下 14 公分給哥哥，其餘的給弟弟和妹妹兩人平分，請問弟弟拿到多長的麵包？」

```
    38 ÷ 2 = 14
            答案：弟弟拿到 14 公分長的麵包
```

1. 跟小組的同學說一說自己的發現。

2. 聽一聽，其他人有哪些觀察發現？

3. 想一想，我的發現和其他人一樣嗎？相同和不同的地方在哪裡？

【練習 7-6-3】發現題目中每個重點之間的關係

說明：可配合練習 7-3-1.1 與練習 7-3-1.2，先讓學生熟悉找出題目中的每個重點，再幫助學生發現題目中每個重點的關係。

例 題：「操場一圈長 200 公尺，爸爸跑了 2 圈，媽媽跑了 300 公尺，請問誰跑的距離比較長？長多少公尺？」

$200 \times 2 = 400$ $400 - 300 = 100$

【請依序回答每個問題】

1. 「為什麼要用 200 × 2 呢？」（因為爸爸跑了 2 圈，1 圈 200 公尺……）
2. 「算出來的 400 是什麼呢？」（爸爸跑的長度）
3. 「算出爸爸跑的長度要做什麼？」（可以和媽媽跑的長度做比較）
4. 「爸爸跑 400 公尺和媽媽跑 300 公尺相差多少，要用什麼方法來計算呢？」（減法）
5. 「所以題目要先算什麼才會知道爸媽跑的長度相差多少？為什麼？」（爸爸跑的距離）

練習題：「繩子每條長 60 公分，小雄做勞作用掉 2 條，小珍綁東西用掉 75 公分，請問誰用掉的繩子比較長？長多少公分？」

$60 \times 2 = 120$ $120 - 75 = 45$

【請依序回答每個問題】

1. 「為什麼要用 60 × 2 呢？」
2. 「算出來的 120 是什麼呢？」
3. 「算出小雄用掉的長度要做什麼？」
4. 「小雄用掉 120 公分和小珍用掉 75 公分相差多少，要用什麼方法來計算呢？」
5. 「題目要先算什麼才會知道兩人用掉的長度差多少？為什麼？」

問題分析 7-7：
害怕困難的題目、容易在多層思考的過程中出錯

　　遇到需要經過較多步驟運算的數學文字題，小豪不是直接跳過而放棄作答，就是在完成第一個步驟後就認定是正確答案，不但沒有耐心，也不願意再進行更深層的思考，所以無法完成所有的解題步驟，很容易在思考過程中出現錯誤。此時他主要的問題是不願花力氣做需要多層思考的數學文字題，這可能是因為小豪「害怕困難的題目」或「容易在多層思考的過程中出錯」。

策略 7-7-1　接觸促進認知發展的遊戲活動

　　小豪面對較複雜的數學問題時，可能因為害怕困難的題目、不習慣動腦、沒信心完成解題步驟等原因，而不願多花力氣進行多層的思考，所以當他遇到稍微繁複或需要多次轉換的題目時，就直接放棄作答。這樣的情形也很容易發生在一般的學生身上，因此為了養成學生習慣於動腦思考問題，可運用一些益智遊戲，例如：分類遊戲（搭配練習 7-7-1.1）、推理遊戲等（搭配練習 7-7-1.2），培養學生努力思考解題方式的習慣。

【練習 7-7-1.1】遊戲活動：分類遊戲

說明：老師或家長盡量列出各種不同種類的東西，讓學生將這些東西進行分
　　　類，並說出分類的原因。

> ## 你覺得哪些東西有關係，它們是同一類？

一、找一找，哪些東西是同一類，把可以放在一起的東西圈起來！

二、想一想，這些被你放在一起的圖片有哪些地方相同？

三、說說看，為什麼你會把這些東西放在一起呢？
　　（和同學討論一下，你們的想法一樣嗎？）

※老師或家長還想到有哪些遊戲可以增進孩子的分類能力呢？

【練習 7-7-1.2】遊戲活動：推理遊戲

說明：老師或家長提供沒有結局的故事，讓學生進行推理，從遊戲過程中培養學生的推理能力。

> ## 動動腦，你覺得事情的真相是什麼？

一、老師或家長先說一個未完成的推理故事。

範例：外婆發現自己所養的雞不見了，她很想知道到底發生了什麼事，於是開始循著線索往前找，結果在雞舍旁發現散落一地的雞毛，仔細觀察發現地上有一些動物殘留的腳印，她順著腳印往前走，卻發現了……。

二、老師提出問題，將學生五至六人分成一組，討論下列問題。

討論問題：

1. 外婆是怎麼發現事情經過的？

2. 為什麼你覺得故事發生的過程是這樣？

3. 你覺得故事還可能有哪些結局？

4. 你和其他人對故事的想法哪裡不一樣？

5. 你覺得誰說的想法最可能是真的？為什麼？

三、老師引導學生再延伸思考。

引導的問題：

　　　想想看，你什麼時候可以從你已經知道的線索去猜答案？

※老師或家長還想到有哪些方式可以增進孩子的推理能力呢？

策略 7-7-2　認知引導策略

當學生遇到較複雜的數學題，無論是他不願意進行深層思考，或是在多層思考過程中出現錯誤，因而無法成功解題，我們都可以運用認知引導策略，幫助學生將題目化整為零，逐步完成解題步驟，一方面引導學生體驗解題過程，一方面了解學生在哪個步驟容易出現錯誤（搭配練習 7-7-2）。在認知引導的過程中，可先請學生說一說題目的意思，並在確認學生對題目的理解程度之後，老師再一個接一個的提問題目中的每個重點，當學生能回答每個重點後，再將這些重點組合成較大的問題，逐步引導學生解題，並在最後讓學生回顧整個解題的過程。

策略 7-7-3　讓學生練習擬題

由於學生對於較複雜或需要轉換的數學題目，可能會因為不習慣動腦思考，而不能針對問題去想出解題的方法。此時老師可先出許多數學題，讓學生練習自己換數字、自己作答，等到學生熟練之後，甚至可讓學生練習自己換情境、自己作答（搭配練習 7-7-3.1 與練習 7-7-3.2，見第 224/225 頁）。剛開始學生透過小組合作完成擬題，等到學生熟練之後就可以獨自進行擬題，藉此強化學生習於思考的經驗，有助於學生學習這些較為複雜的數學文字題。

【練習 7-7-2】認知引導策略的練習

說明：老師在認知引導的過程中，需仔細觀察學生對題目的了解情形。

例　題：「操場一圈長 200 公尺，爸爸跑了 2 圈，媽媽跑了 300 公尺，
　　　　請問誰跑的距離比較長？長多少公尺？」

進行認知引導：

1. 先請孩子說一說題目的意思。

2. 逐步發問題目中的每個重點。

　　例如：「操場一圈長多少公尺？」、「爸爸跑了幾圈？」

3. 當學生能回答每個重點之後，再結合題目中的所有重點提問。

　　例如：當學生能回答 200 公尺，也會回答 2 圈之後，結合兩個重點接著問：

　　　　　「操場一圈長約 200 公尺，爸爸跑了 2 圈，那爸爸跑了多少公尺？」

4. 最後的發問可幫助學生回顧前面的解題過程。

　　例如：「剛才做這個題目時，你用到哪些計算方法？」、「你發現這個題
　　　　　目可分為幾個重點？」、「這幾個重點之間有哪些關係？」、「你
　　　　　覺得剛才做完題目之後，這和你之前對這個題目的感覺有哪裡不一
　　　　　樣？」等問題。

練習題：「哥哥每天存 20 元，弟弟每天存 15 元，請問 30 天後兩人共
　　　　存多少元？」

※除上述題目外，老師或家長可提供各種題目，讓孩子充分練習。

　　（基本的技能熟練後，複雜的題目才容易思考。）

【練習 7-7-3.1】練習自己換數字、自己作答

說明：老師先出一些數學題目，學生了解題意並算出答案後，請學生用不同
的數字替換原來題目中的數字，並算出題目的答案。

$$\boxed{\text{你覺得下面的題目可以換成哪些數字？}}$$

例 題：「媽媽逛市場，買水果付了 150 元，買菜付了 50 元，請問她
共付多少錢？」

1. 說一說，題目在問些什麼？（讓學生用自己的話，說一說題目的意思）
2. 請算出這個題目的答案？（150 ＋ 50 ＝ 200 元）
3. 想一想，你覺得題目可換成哪些數字？

　（「媽媽逛市場，買水果付了 200 元，買菜付了 150 元，請問她共付多少
錢？」）

4. 算算看，換好數字的題目答案是多少？（200 ＋ 150 ＝ 350 元）
5. 如果算不出來，檢查看看哪裡出了問題？

練習題：「一條緞帶長 50 公分，媽媽用掉 15 公分，其餘的給姊姊，
請問姊姊拿到多長的緞帶？」

1. 說一說，題目在問些什麼？
2. 請算出這個題目的答案？
3. 想一想，你覺得題目可換成哪些數字？
4. 算算看，換好數字的題目答案是多少？
5. 如果算不出來，檢查看看哪裡出了問題？

※除上述題目外，老師或家長可提供各種題目，讓孩子充分練習。

　（基本的技能熟練後，複雜的題目才容易思考。）

【練習 7-7-3.2】練習自己換情境、自己作答

說明：完成練習 7-7-3.1 後再進入本練習活動。老師先出一些數學題目，學生
了解題意並算出答案後，請學生將它改成不同的情境，並計算題目的
答案。

你覺得下面題目可以改成什麼情境？

例 題：「媽媽逛市場，買水果付了 150 元，買菜付了 50 元，請問她
共付多少錢？」

1. 說一說，題目在問些什麼？（讓學生用自己的話，說一說題目的意思）

2. 請算出這個題目的答案？（150 + 50 = 200 元）

3. 想一想，你覺得題目可改成什麼樣子？

（「哥哥到書店，買文具付 20 元，買故事書付 100 元，請問他共付多少
錢？」）

4. 算算看，換好數字的題目答案是多少？（20 + 100 = 120 元）

5. 檢查看看題目是否合理？

練習題：「一條緞帶長 50 公分，媽媽用掉 15 公分，其餘的給姊姊，
請問姊姊拿到多長的緞帶？」

1. 說一說，題目在問些什麼？

2. 請算出這個題目的答案？

3. 想一想，你覺得題目可改成什麼樣子？

4. 算算看，換好數字的題目答案是多少？

5. 檢查看看題目是否合理？

※除上述題目外，老師或家長可提供各種題目，讓孩子充分練習。

問題分析 7-8：
空間關係欠佳、無法將題目的意思與空間圖產生連結

　　當小豪遇到需要圖文配合的數學文字題組時，他沒有辦法透過圖片來降低題目的難度，增加自己對數學文字題的理解程度，反而覺得題目變得更為困難，而空下來沒有作答，或是在解題過程中不斷出錯。此時他主要的問題可能是：「空間關係欠佳」以及「無法將題目的意思與空間圖產生連結」。

策略 7-8-1　透過完成任務認識空間位置

　　如果學生要學會運用空間圖，需先能正確的掌握空間關係。所以老師或家長可就地利用當時的環境，設計與空間有關的遊戲活動，幫助學生實際體驗空間位置，並對空間圖有初步的概念。例如：設計一個尋寶遊戲的任務（搭配練習 7-8-1），將學生五至六人分為一個小組，小組先合作設計三個步驟的路線，並畫出說明圖，再讓其他小組根據指示尋寶。

【練習 7-8-1】遊戲活動：尋寶遊戲

說明：此活動可搭配綜合活動學習領域，學生練習對指北針的熟練運用。

一、小組依據校園環境設計三個步驟的路線圖。

範例：1.步驟：從司令台往前走 10 步，向右轉走 15 步到達健康中心門口，
　　　　　再向左轉走 8 步就到達目的地。

　　　2.畫出路線圖：把上面的路線畫成說明圖。

二、小組拿到其他組的路線指示，並依據指示進行尋寶。

三、班級討論：

1.「你覺得哪一組所給的指示最明確？」

2.「你覺得哪一組所畫的路線圖最清楚？為什麼？」

3.「在尋寶時，你們小組遭遇哪些困難？當時你們怎麼辦？」

※透過尋寶遊戲讓學生熟練方位的辨識。

策略 7-8-2　畫出家或學校附近的位置圖

　　學生先實地觀察自己家或學校附近的環境，了解家或學校附近有哪些商店、明顯標示、道路狀況等，並設計一個空間說明圖，邀請同學依據自己設計的空間圖，按圖索驥去尋找特定的位置目標，藉此檢視自己所設計的空間圖是否清楚明確。雖然畫出自己家或學校附近的位置簡圖，學生只能大約了解簡單的空間位置，但從這個活動中，學生不但可以學會將觀察到的空間位置轉為空間圖，也可以學會運用空間圖去找到目標位置。

　　例如：

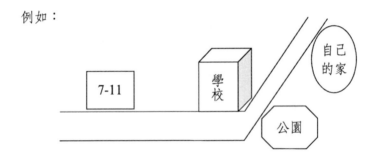

※讓學生用自己的方式畫出簡圖，並向大家說明。

策略 7-8-3　熟悉數學空間圖

　　為讓學生更容易了解題意，對於需用到位置或距離等空間概念的數學文字題，老師常會用一些空間圖作為輔助，但從學生解題的過程中，我們卻發現這些空間圖對學生的幫助遠不如我們所預期。這可能是因為學生過去的學習經驗，較少有機會使用空間圖。因此，學生需先學會指出圖中的各點位置（搭配練習 7-8-3.1）、畫出路線圖（搭配練習 7-8-3.2）、找出點與點之間的距離（搭配練習 7-8-3.3），才能進一步搭配空間圖解題。

【練習 7-8-3.1】找出空間圖中的各點位置

> ## 請指出底下圖片中的位置

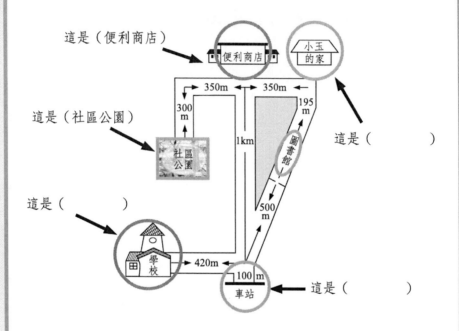

這是（便利商店）

這是（社區公園）

這是（　　　　）

這是（　　　　）

這是（　　　　）

※老師和家長可提供類似空間圖，讓學生充分練習。

【練習 7-8-3.2】畫出路線圖

請畫出從一個地方到另一個地方的路線

例 題

請畫出從學校到便利商店可以走的各種路線。

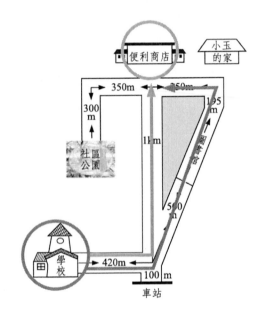

※老師和家長可提供類似路線圖，讓學生充分練習。

【練習 7-8-3.3】找出點與點之間的距離

算算看，不同位置間的距離有多長？

例　題

請問從學校出發，經過小玉的家，到便利商店的距離有多長？

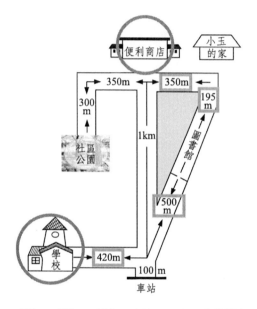

420 ＋ 500 ＋ 195 ＋ 350 ＝ 1465（公尺）

練習題

1. 請問從車站出發，經過圖書館，到社區公園的距離有多長？

2. 請問從社區公園，經過便利商店，到學校的距離有多長？

※老師和家長可以想出更多更有趣的方式，增進孩子掌握空間關係的能力，
　尤其是在生活情境或遊戲活動中去練習空間關係，孩子的學習效果會更好。

我可以
　　學得更好（中年級版）

分數數概念與加減計算

吳昭容

個案一：欣怡

　　欣怡是個就讀小四下學期的女生，分數一直是她頭痛的數學領域。老師畫了一個圓代表一張蛋餅，等分成 8 等份，塗黑 5 等份，欣怡會回答是「八分之五」，也會正確寫下分數數字。但要她畫出 $\frac{11}{8}$ 張蛋餅，欣怡就不會了。

　　一盒裝有 12 顆巧克力糖，1 顆是幾分之幾盒？2 顆呢？欣怡可以回答 1 顆是 $\frac{1}{12}$ 盒，2 顆是 $\frac{2}{12}$ 盒。反過來問 $\frac{5}{12}$ 盒是幾顆？也可以回答 5 顆。但如果問 25 顆是多少盒？$\frac{1}{6}$ 盒是多少顆？就不會了。

　　「一張蔥油餅等分成 8 份，哥哥吃了 $\frac{3}{8}$ 張，弟弟吃了 $\frac{2}{8}$ 張，兩人共吃了多少張？」欣怡可以列出算式並算出正確答案。但如果附上圖示，一個圓等分成 8 等份，塗黑了 3 等份，另一個等分成 8 等份的圓則塗黑 2 等分，問同樣的問題，欣怡卻會回答 $\frac{5}{16}$。

綜合問題診斷

　　中年級的分數課程主要在分數數概念和同分母加減運算，因為數字的性質會影響其學習問題的表現，欣怡分數學習表現可以分成四個焦點問題，依序如下。

➠**分數基本概念**——此處是指真分數範圍內的分數概念，欣怡這部分似乎沒有問題。

- 知道必須等分才能以分數表示嗎？表面上看來，欣怡好像清楚等分的份數是分母，取的份數是分子。但因為老師是以等分好的圖形讓欣怡作答的，所以尚須檢驗欣怡是否掌握了等分的必要性。

- 清楚掌握分數情境的兩種單位嗎？一張蛋餅等分成 8 等份，塗

黑 5 等份，欣怡的回答是「$\frac{5}{8}$」，但單位是什麼呢？如果欣怡認為是全部的 $\frac{5}{8}$，那在 > 1 的分數情境就會出問題。

- 能以分數表示不及 1 單位的數量嗎？大部分情況下，欣怡可以在圖示和真分數數詞間正確轉換。

- 熟悉分數的表記與唸法嗎？欣怡在真分數情況下沒有問題，帶分數和假分數則不確定。

- 能正確比較兩分數間的大小嗎？目前資料未檢驗欣怡這部分的概念。

- 能正確分解與合成分數嗎？要能將 $\frac{3}{7}$ 視為 3 個 $\frac{1}{7}$，反之，5 個 $\frac{1}{9}$ 合在一起是 $\frac{5}{9}$，亦即能將真分數與數個同分母單位分數互換，就是分數的合成分解。欣怡這部分的能力並未檢驗。

▶▶ **假分數與帶分數的問題**——欣怡這部分明顯有問題。

- 不能理解部分怎麼可能比整體多？如果一個蛋糕被等分成 15 等份，那怎麼可能有 20 等份的蛋糕跑出來呢？

- 可以區分大單位和全部嗎？因為分數是一種部分與整體關係的表示方式，此一整體被指定為何者就會有不同的結果，案例中蔥油餅問題在文字題的情況下，欣怡可能腦中想像有一個被等分成 8 等份的蔥油餅，其中的 3 等份和 2 等份給哥哥和弟弟吃，所以大單位 1 也等於全部，就是一張蔥油餅。但後面老師配上的圖示中，大單位是一個圓（代表一張蔥油餅），全部則是有 16 等份的兩個圓。欣怡的回答是將 5 等份和全部的 16 等份比較所得，忽略了題目最後問的是多少「張」蔥油餅，亦即指定的整體是「張」。

- 能區分大單位、小單位、等分份數間的關係嗎？從欣怡無法解決 $\frac{1}{6}$ 盒巧克力的問題看來，可能有此問題。也就是在「一盒裝

235

有 12 顆巧克力糖，$\frac{1}{6}$ 盒是多少顆？」的問題中，1 盒要 6 等份

才能產生 $\frac{1}{6}$ 盒，所以題目隱含了盒、顆、等份三種不同的單

位，比一般分數之兩種單位的關係來得更複雜。

- 能了解 $\frac{m}{m} = 1$ 嗎？能了解一個單位被等分成 m 份，1 份表示成

  $\frac{1}{m}$，2 份表示成 $\frac{2}{m}$，並不代表就自然能接受 $\frac{m}{m} = 1$ 的表示方

  式。欣怡這部分並未做測試。

➠**不了解分數與整數除法的關係**——分數可以用來表示整數相除的

結果，例如：2 顆西瓜等分給 10 個人吃，可以表示成 $2 \div 10 =$

$\frac{2}{10}$。欣怡這部分並未做測試。

➠**同分母分數的加減運算問題**——欣怡這部分有問題。

- 一般兒童會出現分母加分母、分子加分子的錯誤，有兩種可能

  的來源，一是將整數運算的經驗錯用到分數加減，因為分數的

  基本概念不清楚，對分母、分子的意義無法掌握，而自行衍生

  錯誤的算法。另一是混淆了大單位和全部，例如「哥哥吃了 $\frac{3}{8}$

  張，弟弟吃了 $\frac{2}{8}$ 張，兩人共吃了多少張？」的圖示中，欣怡看

  到了 16 等份的蛋餅，其中合計有 5 等份被塗黑，所以覺得應該

  是 $\frac{5}{16}$。由於欣怡在未附圖的文字題時可以正確解題，原則上

  排除了第一種可能性，第二種混淆的原因較為可能。

問題分析 8-1：分數基本概念的問題：真分數範圍

　　分數是用來表示有不滿一個單位的量，此處所謂分數的基本概念指的是真分數的數概念，包括等分的概念、操作與指認、命名、大小比較、分解合成，貫穿其中的重要概念是大小兩個單位的關係與轉換，因為分數是部分與整體關係的一種表示方式。由於數概念涉及的面向寬廣，需要不同類型的活動來促進相關的概念，以下提供九種不同的策略協助發展基本的分數概念。

策略 8-1-1　強調單位詞

　　分數是一種部分與整體關係的表示方式，例如一張蛋餅被等分成 4 片，1 片的大小相對於原本的一張而言，就成了 $\frac{1}{4}$ 張蛋餅了。所以情境中的兩個單位「張」和「片」非常關鍵，家長和老師在提供情境時，就必須非常清晰且穩定指明兩個單位詞。

　　有些新手教師布題時，會隨意使用單位，例如「一張蛋餅等分成 4 等份，請問 3 片是多少呢？」第一句話是用「等份」，第二句話卻變成了「片」，我們大人雖然覺得奇怪，倒也可以猜到「片」就是「等份」，但有沒有可能其實「片」指的是「張」呢？甚至「片」是另一種更小的單位？反正這樣的提問方式會讓兒童概念混亂。另一個麻煩是，問題中的「3 片是多少呢？」並沒有指明單位，可能新手老師會說，這還用問嗎？當然是多少張嘛！這在真分數情境中還算合理，但如綜合問題分析處所言，在＞ 1 的分數情境中，大單位和全部會不一致。

　　問題分析 8-1 雖然討論的是真分數範圍內的基本概念，但兒童在剛開始學習分數時就該釐清單位，才能正確認識分數是兩種單位間的關係。

【練習 8-1-1】單位很重要

說明：老師提供等分好的圖示或具體物，先提供兩個適當的單位，由學生指
　　　認出單位。口述問題時，凡提到單位都刻意放慢或用較大的音量。

1. 「1 張海報平分成 4 份，像這樣。請指出 1 張海報的 1 張在哪裡？那麼 1 份
　　海報呢？」

2. 「1 條緞帶等分成 7 段，像這樣。請指出 1 段在哪裡？那麼 1 條緞帶呢？」

3. 「1 包巧克力有 12 顆，像這樣。那麼，指給我看看，巧克力 1 包在哪裡？
　　那 1 顆呢？」

4. 「6 個月餅裝 1 盒，像這樣。1 盒月餅在哪裡？1 個在哪裡？」

5. 「這是 1 張海報紙等分成 6 等份，
　　被拿走的是不是 1 張海報紙？」

6. 「這 1 盤蘋果有 5 顆，
　　塗黑的是不是 2 盤呢？」

7. 「這 1 袋糖果裝了 3 顆，平分給 3 人，1 個人是不是得 $\frac{1}{3}$ 顆呢？」

8. 「小明拿了 $\frac{1}{2}$ 盒，小華拿了 $\frac{1}{2}$ 條，誰多？」

9. 「這是 1 條毛線，我們把它等分成 8……，你要叫它 8 什麼呢？好，8 截，
　　像這樣哦！那這樣子叫 1……什麼呢？對噢！是 1 截，我可不可以叫它 1 條
　　啊？為什麼？……對，不行耶，因為 1 條是這麼長喔！」

10. 「這是 5 顆糖果，我把它們裝在一起，你想叫這樣是 1……什麼呢？好，1
　　球。那我打開來拿了 2……什麼呢？對，是 2 顆，我可不可以說這是 2 球
　　啊？為什麼？……對，不行喔，因為 1 球就有 5 顆了。」

策略 8-1-2　增加操作與指認的經驗——部分與整體

由於有些分數的等分份數是不容易操作的，所以課程或評量試題多半由老師提供已經等分好的圖形或具體物，雖然口中也說了「等分」，但對兒童而言是否有真的聽進去，可得好好了解才行。

一般數學課程通常會提供分母為 2 或 4 的等分活動讓兒童操作，因為這樣的分數情境可以非常容易的以對摺，或對摺再對摺等方式平分。如果兒童操作經驗不足，未能注意到等分的必要性，老師或家長可以提供各式各樣的情境。例如一維情境：一條塑膠繩，請等分出 $\frac{1}{4}$ 條塑膠繩。又如各式各樣二維圖形，圓形紙板、正方形色紙、長方形紙張等，為了方便操作，不宜提供三角形紙卡或不規則形狀的二維圖形。兒童在操作完成後，宜透過詢問強調等分的重要性，例如：「你在把一張圓形紙板分成 4 份時，要注意什麼呢？」在兒童可以指出要注意等分時，大人可以再次強調：「對啊！分數一定要等分才行，否則同一個蛋糕，有時候 $\frac{1}{4}$ 個蛋糕這麼大，有時候這麼小，就搞不清楚到底是多大了。」

等分完應有指認的活動。大人們應該追問：「你分好了，那 $\frac{1}{4}$ 條紙條在哪裡？這一段也可以是 $\frac{1}{4}$ 條紙條嗎？」有些兒童在初期學習分數概念時，會以為分數是用來表示切分點，或以為只有最左（或右）端的那一段才是 $\frac{1}{4}$，其他段就不是 $\frac{1}{4}$。尤其在大人們忽略單位時更容易產生這樣的誤解，例如給 1 條紙條要兒童「請用這條紙條做出 $\frac{1}{4}$ 給我？」、「$\frac{1}{4}$ 在哪裡？」相對的，$\frac{1}{4}$「條紙條」就更能清楚表示出指定的量。由於中年級初期學習的分數概念是用來表示特定的量，大人們在提出問題、與兒童討論時，一定要特別留意強調單位。

長度、面積、容量等單位間換算也與此有關，其中時間量的單位因為非十進系統，所以特別容易產生錯誤。在學習了相關的度量衡單位後，可以加入以分數表示之單位換算的練習。見練習 8-1-2。

【練習 8-1-2】這是多少張？

說明：提供一個形狀規則又容易對摺的物件，例如色紙、紙條……等，讓兒童練習 2 等分、4 等分、8 等分的操作，操作之後請兒童指認出指定的分數量在哪裡。操作時請兒童只要摺出分割線，不要撕開，以免破壞了大單位的整體性。如果分母是不容易等分的數量，則由大人等分好供兒童指認。

「這是 1 張色紙，請摺出 $\frac{1}{4}$ 張色紙給我，但不要剪開。……摺好了嗎？那麼 $\frac{1}{4}$ 張色紙在哪裡？噢！這一塊是 $\frac{1}{4}$ 張，那麼，另外的這一塊可不可以是 $\frac{1}{4}$ 張色紙呢？」

「假裝這紙條是起司條，你數數看這 1 條起司條被等分成幾段？10 段！好，那麼 $\frac{3}{10}$ 『條』起司條到底有多大？」

在兒童澄清了一些錯誤概念後，大人可以反過來扮演學生的角色，表現出先前兒童曾經出現過的錯誤，由兒童來指正。

「這是一張海報紙，你摺摺看，然後考考我，看我會不會用分數來說。哦！這個簡單啦！是 $\frac{1}{7}$ 張海報。啊～不對，那是多少？是 $\frac{1}{8}$ 張噢！你都有記得剛剛討論過的耶！」

度量衡單位的換算如下，本練習的試題均於單位分數與真分數範圍內。

· 10 分公升 = 1 公升，那麼 1 分公升 =（　　　）公升

· 1 公尺 = 100 公分，那麼 15 公分 =（　　　）公尺

· 60 分鐘 = 1 小時，那麼 43 分鐘 =（　　　）小時

· 1 天有 24 小時，那麼 1 小時 =（　　　）天

策略 8-1-3　增加操作與指認的經驗──子集合與總集合

　　除了上述「部分－整體」情境之外，有時候分數也使用在把一些小單位的東西集合成一個大單位的情況，例如「10 顆雞蛋裝成 1 盒」，此種用來表示子集合與總集合的關係之分數意義，理解上更為困難。曾經有大學生問到：「為什麼 1 顆雞蛋是 $\frac{1}{10}$ 盒呢？我也看過一盒雞蛋是 6 顆的。」也有在職老師問過：「如果 1 盤魚是 3 條，另一盤魚是 5 條，那合起來是多少盤？這怎麼算呢？」可見連大人有時候都會搞不清楚數學上一些約定的限制條件，也就是在已經約定「10 顆雞蛋裝成 1 盒」時，問 1 顆雞蛋是幾盒當然是在此限制條件之下，此時就不要懷疑有時候 1 顆是 $\frac{1}{6}$ 盒。同樣的，要討論分數加減時，1 盤的魚數必須是固定的，就跟整數乘除一樣。這種約定的條件限制，大人宜清楚的指明，讓兒童了解這就是遊戲規則。

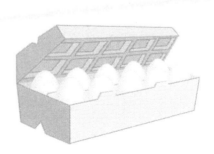

【練習 8-1-3】這是多少盒？

說明：準備一些小東西，例如珠珠、積木、糖果、貼紙……，以及透明塑膠袋、盒子、罐子……。如果由大人布題，宜先指明大小兩個單位的名稱。此時先以一個大單位內小單位個數恰為分母的問題，例如 12 顆草莓裝一盒，就只要問 12 分之幾的問題。如果要求兒童指出 $\frac{1}{3}$ 盒，此時除了「顆」、「盒」之外，還有三等份 1 盒所產生的「等份」，單位太多會有較高的難度（詳見問題分析 8-2）。

「假裝這些珠珠是雞蛋，這個牌子的雞蛋一盒是 6 顆，你裝裝看，怎樣才是一盒雞蛋呢？好，那 $\frac{3}{6}$ 盒雞蛋是什麼意思呢？」

「假裝這些圓點貼紙是巧克力，這個長方形框框代表 1 盒巧克力，現在 1 盒巧克力裝 9 顆，你貼貼看，一盒是怎樣的？好，那 $\frac{4}{9}$ 盒呢？ $\frac{8}{9}$ 盒呢？」

如果孩子將 8 枚貼紙很均勻的貼在長方形框中，大人宜追問：

「看起來裝得剛剛好，我可以說這是 1 盒嗎？不可以喔！因為一盒是要裝 9 顆的（可以在空隙中以虛線再補上一個圓圈），這盒還少 1 顆，1 盒 9 顆中只裝了 8 顆，所以是 $\frac{8}{9}$ 盒。」

如果孩子在不滿 1 盒的情況下，一直無法理解為何不能說是 1 盒，大人可以在每個長方形框內以虛線劃上 9 個圈圈，也就是把 9 個預定要放入的巧克力位置固定，如圖示，此時貼入了 8 枚貼紙後，可以清楚看到還有一個空缺，拿來與貼滿 9 枚貼紙的 1 盒比較，貼紙形成的長度也明顯不同，此應有助於兒童的理解。

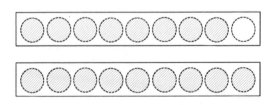

策略 8-1-4　以正反例提供區辨

　　對於分母不易等分的分數，宜以各種等分或未等分的圖示或具體物情境供學童區辨，以確定兒童知道分數的部分量必須相等（搭配練習 8-1-4 的活動）。

策略 8-1-5　增加分數的聽說讀寫

　　分數數字的書寫與數詞的讀法不只要理解，也要自動化。此一策略可搭配練習 8-1-2 和練習 8-1-3，當操作與指認完成後，就可以請兒童說出或寫出分數的數字。看數字唸數詞的活動，可以搭配速示卡，以一張約 2 秒的速度閃示，完成二十張速示卡的唸讀也不到一分鐘，而且孩子們常常對這種短時間的全神貫注，覺得非常有趣，在完成時會有一種如釋重負，又有成就感的樂趣。

【練習 8-1-4】哪個才可以是分數？

說明：大人提供分割好的圖示或具體物，其中有些是等分的，有些則未等分，
　　　供兒童指認何者才可以用分數表示。二維圖形上若在其中一維是均勻
　　　分割的，孩子常會忽略另一維度是否也相等，例如圖中切成 4 份寬度
　　　相等的圓。

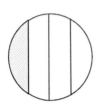   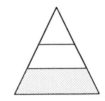   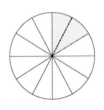

（　）是 $\frac{1}{4}$ 個圓嗎？　（　）是 $\frac{1}{3}$ 個三角形嗎？　（　）是 $\frac{2}{12}$ 個蛋糕嗎？

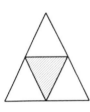   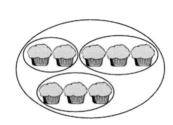

包裝紙狀

（　）是 $\frac{1}{4}$ 個三角形嗎？　（　）是 $\frac{1}{3}$ 盤點心嗎？（　）是 $\frac{1}{2}$ 包口香糖嗎？

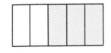   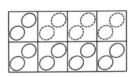

（　）是 $\frac{3}{5}$ 張紙條嗎？　（　）被吃掉了 $\frac{3}{8}$ 盒嗎？

※另外，請提供三個是等分的圖示。

【練習 8-1-5】分數的聽說讀寫

說明：

聽聽看：提供數個圖示，並由大人口述分數數詞，由兒童指認圖示。

說說看：提供數個圖示，請兒童以分數數詞口述應該是多少，留意單位詞。

讀讀看：提供數個分數數字，請兒童報讀出數詞，例如給 $\frac{2}{5}$ 能讀出五分之二。

寫寫看：由大人口述數詞，或以國字書寫的數詞，請兒童轉換成分數的數字。

　　「聽聽看」選項的設計必須能檢驗兒童可能的錯誤概念，例如要檢驗兒童能否從兩個圖中正確選出 $\frac{1}{3}$，其中一個圖是一個圓等分成 3 等份，塗黑一份；另一個圖則是等分成 4 等份，塗黑一份，與未塗黑的 3 等份形成對比。

下面哪個是 $\frac{1}{3}$ 個圓？

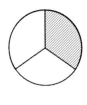

（甲）　　　　　　（乙）

　　「讀讀看」的活動在具有基本認讀能力後，可以用速示卡熟練分數唸讀。家長或老師可以在每張厚紙卡上寫下一個分數數字，每次練習以不超過二十張為宜，以約 2 秒鐘一張的速度閃示，兒童必須緊捉住時間辨認分數並唸出來。

策略 8-1-6　強化分數的分解與合成

$\frac{3}{8}$ 可以分解成 3 個 $\frac{1}{8}$，反過來說，3 個 $\frac{1}{8}$ 也可以合成 $\frac{3}{8}$，也就是任一個分數可以重新以同分母的單位分數為單位來計數。這對未來的分數運算影響甚大，比方 $\frac{3}{8} + \frac{2}{8}$ 若能視為 3 個 $\frac{1}{8}$ 加 2 個 $\frac{1}{8}$，就可以沿用整數加法的概念和運算規則，3 + 2 = 5，所以是 5 個 $\frac{1}{8}$，就是 $\frac{5}{8}$。乘法運算亦同，例如 $\frac{3}{8} \times 3$，若能視為 3 個 $\frac{1}{8}$ 的 3 倍，就是 3 × 3 = 9，9 個 $\frac{1}{8}$，就會是 $\frac{9}{8}$。

策略 8-1-7　增加同分子的分數大小比較

分數課程中通常都會有同分母的大小比較活動，因為在學習分數的初期，孩子還不會通分，我們通常假設孩子無法進行異分母的比較，但如果把分子控制成相等，可以讓孩子更清楚等分的份數越多，則單位分數越小的意義。

同分母分數的大小比較可以與練習 8-1-6 配合，請留意重點應在分數數詞與數字，而不是整數的小單位的比較，例如 1 盒雞蛋 10 顆，$\frac{3}{10}$ 盒是 3 顆，$\frac{4}{10}$ 盒是 4 顆，所以 $\frac{3}{10}$ 盒比 $\frac{4}{10}$ 盒少，記成「$\frac{3}{10} < \frac{4}{10}$」，可不要讓重點留在 3 顆雞蛋比 4 顆雞蛋少。

練習 8-1-7 提供同分子分數比較的練習，從單位分數的比較開始。由於問題分析 8-1 中只討論基本的分數概念，所以此處的情境均在真分數範圍內。

【練習 8-1-6】分分合合

說明：分解合成的活動可以採用操作配合口語的方式，或是紙筆的方式。舉
　　　例說明如下。

操作配合口語的：

　　　1 個圓形紙板被等分成 8 等份，當作是蔥油餅。指明情境與單位之後，採點數的方式讓兒童報讀出分數，例如：「我們來數數看，1、2、3，3 等份，也就是 $\frac{3}{8}$ 張，我們再重數一次，$\frac{1}{8}$ 張、$\frac{2}{8}$ 張、$\frac{3}{8}$ 張，$\frac{3}{8}$ 張是幾個 $\frac{1}{8}$ 張？噢，是 3 個。」

紙筆式的：

1. $\frac{5}{7}$ 包口香糖是（　　　）個 $\frac{1}{7}$ 包。

2. 1 盒雞蛋 10 顆，$\frac{3}{10}$ 盒是 3 個（　　　）盒合起來的。

3. 1 瓶汽水可以平分成 9 杯，5 杯就是（　　　）瓶汽水，也就是 5 個（　　　）杯。

4. 1 小時是 60 分鐘，34 分鐘就是（　　　）小時，也就是（　　　）個 $\frac{1}{60}$ 小時。

【練習 8-1-7】分數的大小比較

說明：一開始提出問題時宜先讓孩子用他的常識判斷兩個量的大小，接著讓孩子把兩個量分別連結上分數的數詞與數字，再做分數數字的大小比較。第一題首先進行分子同為 1 的異分母分數比較，第二、三題則進行其他同分子的分數比較。

1. 1 個蛋糕平分給 5 個人吃，和平分給 6 個人吃，哪一種情況下，1 個人吃到的蛋糕會比較多？

用分數記錄一下。1 個蛋糕平分給 5 個人吃，那 1 個人吃到幾分之幾的蛋糕？1 個蛋糕平分給 6 個人吃，那 1 個人吃到幾分之幾的蛋糕？

所以，$\frac{1}{5}$ 個蛋糕（　　　）$\frac{1}{6}$ 個蛋糕，要寫＜、＝、＞的哪一個？

2. 1 個蛋糕被平分成幾片，爸爸吃了 2 片，下面哪一種情況吃到的蛋糕比較多？

一種情況是蛋糕被平分成 6 片，另一種情況是被平分成 5 片，爸爸都是吃 2 片，哪一種情況吃到的蛋糕比較多？

用分數記錄下來就是……。

3.哥哥更誇張喔！他吃了 3 片，下面哪一種情況吃到的蛋糕比較多？

一種情況是蛋糕被平分成 6 片，另一種情況是被平分成 5 片？哥哥都吃了 3 片，哪一種情況吃到的比較多？

用分數記錄下來。

對噢！吃一樣多片的情況下，一個蛋糕等分成比較少片的話，吃到的會比較多。

策略 8-1-8　建立參考點

分數中最重要的參考點是 0、$\frac{1}{2}$ 和 1，時常讓兒童將指定的分數和參考點比較大小，可以建立分數的數感，例如 $\frac{7}{15}$ 大約在 $\frac{1}{2}$ 附近，讓兒童能對分數產生可掌握的感覺。同時參考點也有利於對分數運算結果做合理性的判斷，例如 $\frac{9}{10} + \frac{8}{10}$，就不可能會是 $\frac{17}{20}$，因為 $\frac{9}{10}$ 接近 1，$\frac{8}{10}$ 也接近 1，兩個分數加起來應該接近 2 才對，但 $\frac{17}{20}$ 也是接近 1 且小於 1 的數，這是不合理的。

策略 8-1-9　日常生活中多使用分數語詞

一般人在生活中並不常使用分數語詞，一方面是日常生活語詞的使用並不要求精準，「牛奶還很多」、「醬油只剩一點點」，就可以決定要不要再買，並不需要使用到「牛奶還有 $\frac{4}{5}$ 罐」、「醬油只剩 $\frac{1}{10}$ 瓶」。另一方面，度量衡也常有各種不同大小的單位，如果數量未達一個單位，那就換成更小的單位來描述，用整數語詞就夠了，例如 $\frac{6}{10}$ 公升，換成 600 毫升就好了。

但如果要讓兒童掌握分數概念及其所表示的數量意義，家長或老師可以提供一些分數情境的聯想活動與判斷作業，詳見練習 8-1-9（第 251 頁），也可以在生活中多多要求孩子用稍微精確一點的描述方式，例如請孩子去察看一下冰箱內的牛奶還有多少，需不需要再去採購。可以這樣問：「去看看冰箱裡的牛奶大約還有幾分之幾罐？」如果孩子的回答是模糊的形容詞：「剩很少了」，家長可以追問：「大約幾分之幾罐？」、「比較接近 $\frac{1}{2}$ 罐，還是比較接近 0 罐？」後面的追問是與策略 8-1-8 搭配。

【練習 8-1-8】和 $\frac{1}{2}$ 很接近嗎？

說明：在有圖示或具體物的情況下，可以搭配前面所有的練習，讓孩子判斷
　　　指定的分數與 0、$\frac{1}{2}$ 或 1 的哪一個較為接近？初期可以提供一個完整
　　　的 1，以及 $\frac{1}{2}$ 的圖示，作為疊合比較的參照。累積一些經驗後，可以
　　　讓孩子歸納他的發現。

　　$\frac{5}{8}$ 張蛋餅比較接近 0 張、$\frac{1}{2}$ 張，還是 1 張蛋餅？你可以把 $\frac{5}{8}$ 張疊在 $\frac{1}{2}$
張上比比看，和 0 張比較接近還是和 $\frac{1}{2}$ 張比較接近？也可以疊在 1 張的上面
比比看，和 $\frac{1}{2}$ 張比較接近還是和 1 張比較接近？

　　累積足夠的經驗後，可以讓孩子歸納他的發現。例如：分母大約是分子
的兩倍左右時，分數會接近 $\frac{1}{2}$。

【練習 8-1-9】生活中哪裡用得到分數？

說明：給定一個分數，例如 $\frac{3}{4}$，示範將此一分數與一些可能的單位搭配的例子，問問孩子可不可以這樣說？接著由親子或學生輪流給出更多單位。

「我們用 $\frac{3}{4}$ 來描述生活中的各種單位，我先舉三個例子，待會兒大家輪流說。$\frac{3}{4}$ 小時，可以這樣說嗎？$\frac{3}{4}$ 杯水，有這樣的說法嗎？$\frac{3}{4}$ 公斤，這是什麼意思呢？好，現在有誰可以再用 $\frac{3}{4}$ 舉出不同的例子？」

說明：給定一個分數與搭配一個單位後，用來描述生活中的各種情況，讓孩子判斷是否合理，或由孩子主動提出合宜的情境。這樣不只可以增進孩子的量感，也能促進對分數意義的掌握。

• 老師走一步大約 $\frac{4}{5}$ 公尺，合理嗎？

• 我們家的床長度大約 $\frac{4}{5}$ 公尺，可能嗎？

• 還有什麼東西或事情有大約 $\frac{4}{5}$ 公尺的長度？

說明：以下提供生活中可以用分數表示的情況，包括家中親子互動與學校中師生互動的情境。

• 牛奶（可樂、醬油……）還剩幾分之幾罐？

• 牛奶（可樂、冰水……）你要喝幾分之幾杯？

• 你的飯要添 1 碗還是幾分之幾碗？

• 這麵包你要吃 $\frac{1}{2}$ 條，還是 $\frac{3}{4}$ 條？

• 請幫我放洗澡水，放大約 $\frac{3}{4}$ 缸。

• 電風扇只能轉大約 $\frac{1}{3}$ 圈。

• 盆栽的土不要裝這麼滿，大約 $\frac{4}{5}$ 盆就差不多了。

• 這枝原子筆的墨水大約只剩 $\frac{1}{5}$ 了。

問題分析 8-2：不了解假分數與帶分數

　　欣怡在假分數與帶分數的困難，不僅是在分母較大時出現問題，即使分母為 2 的情況都會發生困難。例如：配有附圖的問題「假如一盒果凍有 2 個，那 3 個是幾盒？」，欣怡想了好一會兒還是答：「不知道。」老師逐一詢問：「一個果凍是幾盒？」可以答出 $\frac{1}{2}$ 盒，「2 個果凍是幾盒？」也可以答出 1 盒，然後再問到：「3 個果凍是幾盒？」欣怡又是一陣沉默。

　　另一種更為複雜的情況是問題的內容物個數和分母不一致時，例如：1 盒裝有 12 顆巧克力糖，$\frac{1}{6}$ 盒是多少顆？解題時可能會想成「$\frac{1}{6}$ 盒就是把 1 盒分成 6 等份，取其中 1 等份，那 12 顆分成 6 等份，每 1 等份就是 2 顆。」其中就有「盒」、「等份」、「顆」三種單位。「部分—整體」情境也會有類似的情況，例如：100 公分的繩子一條，等分成 5 段。情境中就有「條」、「段」、「公分」三種單位。

　　有關假分數與帶分數的困難可能反映幾種問題，一是欣怡可能混淆了大單位與全部。二是欣怡知道分子可以比分母大嗎？有些兒童不能理解「部分」怎麼可能比「整體」多？三是欣怡能否熟練的掌握 $\frac{m}{m}$ 就是 1，以及 1 可以視為 $\frac{m}{m}$。而內容物和分母不一致的問題還是必須回歸到對單位的掌握。

策略 8-2-1　釐清大單位與全部

　　策略 8-1-1 強調單位詞的重要性，曾指出在 ≤1 的分數時，單位 1 與全部是一致的，但當分數 > 1 的情況，兩者就不再一致了。請看看下圖，畫斜線的部分是多少呢？

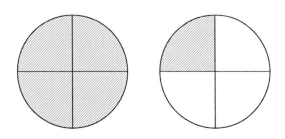

　　這有兩種可能性，一是 $1\frac{1}{4}$，也就是 $\frac{5}{4}$，另一種可能性是 $\frac{5}{8}$，端看單位指的是什麼。如果問的是：「5 等份是多少張蛋餅？」答案就是前者，如果問的是：「5 等份是全部的多少？」答案就是後者。

　　當題目問的是「張」，而學生回答的是以「全部」為分母時，大人們只要詢問：「你說答案是 $\frac{5}{8}$，5 在哪裡？那 8 在哪裡？所以你是和「全部」的 8 等份來比的。可是我問的是 5 等份是多少『張』蛋餅耶！1 張蛋餅在哪兒？它有幾等份？所以 5 等份是要跟 1 張的 4 等份去比的哦！」

　　本策略的練習內容請自行修改練習 8-1-1、8-1-2、8-1-3 及 8-1-5 的數字，將分數的數值從真分數變換成帶／假分數即可。請留意「部分－整體」（例如等分蛋餅、色紙）情境之外，也應提供「子集合－總集合」（例如 10 顆雞蛋裝 1 盒）的情境。

策略 8-2-2　從單位分數的累數認識分數

這是延伸自策略 8-1-6，當兒童可以用單位分數來表示真分數之後，可以搭配著圖形或具體物進行累數，直到單位分數的個數等於分母（即 m 個 $\frac{1}{m}$）時，特別停下來指出與整體 1 的關係。例如上圖的蛋餅，「1 個 $\frac{1}{4}$，2 個 $\frac{1}{4}$，3 個 $\frac{1}{4}$，4 個 $\frac{1}{4}$」此時停一下，追問兒童：「4 等份的蛋餅剛好是……？對，是 1 個蛋餅。」接著繼續數到個數為分子的情況：「好。接著，5 個 $\frac{1}{4}$，總共 5 個 $\frac{1}{4}$ 要怎麼記錄呢？以前我們 3 個 $\frac{1}{4}$ 記成 $\frac{3}{4}$，所以 5 個 $\frac{1}{4}$ 記成 $\frac{5}{4}$」。

本策略的練習內容請自行修改練習 8-1-6 的數字即可。請留意的是，不要局限在小於 2 的分數情境。有些孩子經過一些時間的練習之後，可以完成……$\frac{4}{6}$、$\frac{5}{6}$、$\frac{6}{6}$、$\frac{7}{6}$、$\frac{8}{6}$，或是 $\frac{4}{6}$、$\frac{5}{6}$、1、$1\frac{1}{6}$、$1\frac{2}{6}$，但在 $\frac{11}{6}$ 之後，就又不會了。跨越過 1 的障礙，並不必然保證孩子可以類推到跨越 2、跨越 3 的情況，經驗的類推必須有數個類似的經驗才能抽離出來，所以宜再多給一些跨越整數的活動。

策略 8-2-3　發現 $\frac{m}{m} = 1$、$\frac{2m}{m} = 2$、$\frac{3m}{m} = 3$……的規律

在單位分數累數的活動之後，可以單獨將整數與分數間的等值關係抽出來觀察。樣式規則的發現通常需要在材料上與形式上做好規劃，孩子才容易發現樣式規則。例如：在紙張的最左邊由上而下排列 $\frac{3}{3}$、$\frac{6}{3}$、$\frac{9}{3}$、$\frac{12}{3}$，可能採「1 條巧克力 3 顆」的情境與圖示，中間一排由上而下排列 $\frac{4}{4}$、$\frac{8}{4}$、$\frac{12}{4}$、$\frac{16}{4}$，可能採用「1 張色紙等分成 4 份」的情境與正方形圖示，最右一排 $\frac{10}{10}$、$\frac{20}{10}$、$\frac{30}{10}$、

$\frac{40}{10}$ 是「1 個量杯等分了 10 個刻度」的杯子圖示，上下左右均要對齊。帶著孩子確認 $\frac{3}{3}$ 條巧克力就是 1 條、$\frac{6}{3}$ 條巧克力就是 2 條⋯⋯。有些可以由老師或家長說明，有些則讓孩子自己說。每個情境都確認過之後，問孩子：「會和整數 1、2、3、4 一樣大或一樣多的分數，有什麼特別的地方？」

　　只要孩子具有九九乘法的基本能力，在觀察資料一段時間後就會發現分子和分母間的倍數關係，「分子和分母一樣大，就會等於 1；分子是分母的兩倍的，就會等於 2；分子是分母的 3 倍的，就會等於 3。」接著就可以讓孩子再做類推，「那麼，1 張色紙等分成 4 份，5 張色紙會是幾份呢？」、「1 條巧克力 3 顆，21 顆就是幾條呢？」此時圖示盡量不要移除，讓孩子有機會可以利用面前的圖示進行推論。

策略 8-2-4　先呈現完整的單位 1 來認識帶分數

　　策略 8-2-1 的圖，左邊的單位 1 已經被切割成四等份了，指認 1 張蛋餅時較易有視覺上的干擾。要協助認識帶分數有困難的兒童，可呈現完整未切割的單位 1。例如「爸爸吃豆沙餅當點心，吃了 2 個（呈現圖示為完整的 2 個圓）後，還想再吃，但又覺得第 3 個一定吃不完，就把豆沙餅等分成 2 塊（第 3 個圓有等分線），所以，第 3 個豆沙餅只吃了⋯⋯？對，$\frac{1}{2}$ 個，和前面的 2 個合在一起，爸爸共吃了二又二分之一個，記成 $2\frac{1}{2}$。」

　　有些課程也是由同分母加減的活動同時引出帶分數，但多半相加的是兩個真分數的量，所以圖示兩個單位 1 都是有等分線，容易造成兒童把單位 1 和全部混淆，也就不容易辨識出單位 1。

策略 8-2-5　從部分量估計單位 1

　　一般操作具體物或圖示的活動，都是提供單位 1，在指定分數的情況下，讓孩子做出分數所表示的部分量。本策略是一個逆向的活動，例如提供一張長方形的紙張，問孩子：「如果這是一張紙的 $\frac{2}{3}$，那原本這張紙大約是多大張？」孩子要能想像那是一張比目前這張長方形紙張來得大的紙，但多大呢？如何做出這張紙呢？一種解題方式是這張長方形紙張是原本紙張的三等分中的兩等分，那就先把它兩等分，就會是原本紙張的 $\frac{1}{3}$，然後再複製三次，就是原本的紙張了（搭配練習 8-2-5）。

　　由於圓形圖的整體 1 是非常清楚且固定的，就是一個圓嘛！所以本策略不適合使用圓形圖及其部分量的扇形圖示。

策略 8-2-6　提供單純的單位量

　　如同策略 8-2-4 所言，情境中如果同時標示了兩種或三種不同單位的刻度或分割線段，會造成視覺上的混淆，無法清楚區辨單位。建議在教具上應提供一個同時有三種單位的具體物或圖示，以及單獨表示三種單位的具體物或圖示，例如上面沒有任何小刻度的 1 整「條」繩子、上面沒有任何小刻度的 1「段」繩子，以及剛好 1「公分」的繩子。每次提到某個單位，就請兒童把那個單位拿起來放在同時標有三種單位的繩子上（操作方式詳見練習8-2-6，第258頁）。

【練習 8-2-5】1 到底有多長？

說明：提供一個部分量，讓孩子找出單位 1。以紙條的情境為例，除了給定
的 $\frac{1}{2}$ 或 $\frac{1}{3}$ 條紙條之外，另外宜提供一條足夠長的紙條，方便孩子操
作出 1 條紙條，這樣可以減低用口語表達的要求。情境上可以有一維
的連續量、二維的連續量，以及離散的物件。

1. 這段紙條是原本 1 條長紙條的 $\frac{1}{2}$，那原本的那 1 條長紙條是多長？

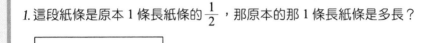

2. 這段紙條是原本 1 條長紙條的 $\frac{1}{3}$，那原本的那 1 條長紙條是多長？

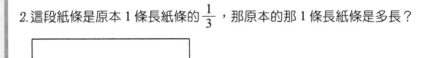

3. 這個長方形是原本 1 張紙張的 $1\frac{1}{2}$，那原本的那 1 張紙張是多大？

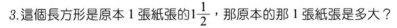

4. 假設這杯果汁是 1 罐果汁的 $\frac{4}{7}$，那原本那罐果汁應該有多少？不用真的操
作，用說的就好了。

5. 這 4 顆小彈珠是 1 袋的 $\frac{1}{3}$，那 1 袋彈珠應該有幾顆？

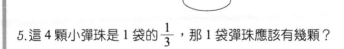

6. 這 8 顆雞蛋是 $\frac{4}{3}$ 盒的數量，那 1 盒應該有幾顆？

【練習 8-2-6】單純的單位量

說明：題目中原本就有的大單位與小單位，請大人先準備好單純的具體物或
圖示，因為等分而產生的中間單位則可以和孩子一起動手做出來。

1. 1 盒裝有 12 顆巧克力糖，$\frac{1}{6}$ 盒是多少顆？$\frac{3}{6}$ 盒是多少顆？

原本的圖示上有「盒」和「顆」兩種單位，因為問了 $\frac{1}{6}$ 盒，可以被想成 1
盒被等分成 6 等份，圖示會出現第三種單位——「等份」，但口語描述時，
大人可以盡量稱呼這個單位是 $\frac{1}{6}$ 盒。

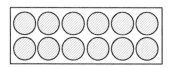

（圖 A）

大人們除了事先準備好一個單純的「盒」的圖示、一個單純的「顆」
的圖示外，在圖示上畫出「等份」的單位後，就可以和孩子一起做出數個
單純的「$\frac{1}{6}$ 盒」的圖卡。

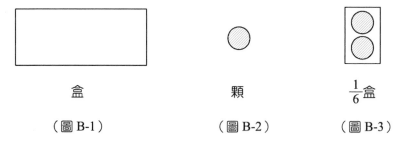

盒

（圖 B-1）

顆

（圖 B-2）

$\frac{1}{6}$ 盒

（圖 B-3）

$\frac{1}{6}$ 盒就是把 1 盒等分成 6 等份取 1 等份，我們用「$\frac{1}{6}$ 盒」的紙卡蓋
在盒的上面，是不是剛好 6 等份？1 等份是幾顆？我們翻起來看看？每一
等份都一樣嗎？所以 $\frac{1}{6}$ 盒就是 2 顆。

那 $\frac{3}{6}$ 盒就是有 3 等份，翻 3 等份看看有幾顆？2、4、6，共 6 顆，$\frac{3}{6}$
盒是 6 顆。

2.鼎新有許多 12 公分長的紙條，做一個小星星要用 $\frac{3}{4}$ 條紙條，請問做一個小星星會用掉幾公分的紙條？

　　原本的圖示上有「條」和「公分」兩種單位，因為提到 $\frac{3}{4}$ 條，可以想成 1 條紙條被等分成 4 段，圖示會出現第三種單位──「段」。但口語描述時，大人可以盡量稱呼這個單位是 $\frac{1}{4}$ 條。

條

公分　　　　　 $\frac{1}{4}$ 條

　　$\frac{3}{4}$ 條紙條就是把 1 條紙條等分成 4 段取其中 3 段，我們用 $\frac{1}{4}$ 條紙條放在圖的下面，是不是會有 4 個 $\frac{1}{4}$ 條紙條？那 3 個 $\frac{1}{4}$ 條紙條會是多少公分？數數上面的公分的刻度數。

策略 8-2-7　根據分數算式擬出應用題

　　擬題是讓孩子產生意義的重要活動，學習活動不應該總是「大人命題、小孩解題」，讓孩子負責出題目不只有趣，而且也有學習的意義。一開始時，孩子不太知道該如何出題目，有一種簡便的方式是由大人提供一個算式，讓孩子就這個算式出個應用題，例如：$\frac{3}{8} + \frac{1}{8} = （\quad）$，請孩子想想什麼樣的應用題的算式會是這樣的。由於擬題活動的重點不在算出答案，所以算式不必限定在孩子會解的問題形式上，例如還沒學過異分母加減或分數之整數倍的解題方式前，仍可以提供 $1\frac{1}{2} - \frac{1}{3} = （\quad）$ 或 $\frac{1}{8} \times 5 = （\quad）$ 的算式進行擬題，事實上這樣的擬題經驗可以增進孩子對於分數意義的掌握，同時也有利於孩子將整數運算的經驗與分數運算的意義加以聯繫，會有助於未來的學習（搭配練習 8-2-7）。

策略 8-2-8　在生活中使用分數語詞

　　和策略 8-1-9 一樣，增加兒童在生活中使用帶分數或假分數的機會，不只讓兒童對這些分數概念有更清晰的認識，同時也會讓分數與生活連結，增進運用更為精準的數學語詞描述事物的可能性。請自行修改練習 8-1-9 的數量與情境成帶／假分數即可。

說明：擬題可以在解題之後進行，因為解題的情境提供了孩子模仿的線索。
　　　底下第一題為解題活動的問題與答案。第二、三、四題則是擬題活動
　　　的範例。

1. 爸爸吃豆沙餅當點心，吃了 2 個後，還想再吃，但又覺得第 3 個一定吃不
　　完，就把豆沙餅平分成 2 塊，吃了其中 1 塊，爸爸吃了多少個豆沙餅？

$$2 + \frac{1}{2} = 2\frac{1}{2} \qquad 答：2\frac{1}{2} 個。$$

2. 現在請你想一個新的問題，它的解答一樣是 $2 + \frac{1}{2} = 2\frac{1}{2}$。主角可以換
　　人，也不要再吃豆沙餅了，甚至不需要是吃東西的，有什麼情況的列式會
　　是 $2 + \frac{1}{2}$ 呢？

3. 現在換不同的數字了，請設計一個應用題，它的列式是 $\frac{1}{4} + \frac{3}{4} = （\quad）$。

4. 現在換減法了，請設計一個應用題，它的列式是 $\frac{7}{8} - \frac{3}{8} = （\quad）$。設計
　　的應用題內容要合理一點喔！可別出了怪怪的題目！

問題分析 8-3：不了解分數和整數除法的關係

分數有一種意義是整數相除的結果，$\frac{3}{8}$ 張蛋餅除了是一張蛋餅等分成 8 份，取其中 3 份的意義之外，還可以是 3 張蛋餅平分給 8 個人的結果。

整數除法、商為整數的經驗，常會讓兒童產生一個不當的預設立場，就是分到整數個物後就不再分了，留個餘數就好了。所以一方面要讓孩子察覺有些時候我們是要把東西分到完，不能留下餘數，另一方面要讓孩子知道被除數比除數小，仍可以用除法算式表示等分的過程。

策略 8-3-1　從平分的情境開始

在低年級的課程就有兩種類型的除法文字題，通常稱為「等分除」和「包含除」，前者是將總量平均分配給數個單位，例如：12 顆蓮霧平分給 3 袋，每袋會裝幾顆蓮霧？後者則是將總量以數個物件為一個單位的方式分裝，例如：12 顆蓮霧每 4 顆分裝成 1 袋，可以裝成幾袋？前者問的是每個單位內的物件個數，單位是「顆」，後者問的是能分成幾個單位，單位是「袋」。前文已經顯示分數的基本意義來自一個物件被等分割的情況，所以從等分除的情境介紹商為分數的意義，會比較容易入手。

當被等分的單位只有一個時，例如一個蛋糕，等分除的問題與分數的基本概念是非常符合的，唯一新學的只有把除法算式的結果用分數表示。也就是之前學習分數基本概念，一個蛋糕等分成 12 份，學生學到的是 1 份就是 $\frac{1}{12}$ 個蛋糕，中間並沒有算式，而分數

的除法意義必須多加個步驟，就是算式 $1 \div 12 = \frac{1}{12}$。如果學生覺得不習慣寫出除數比被除數大的算式，那家長或老師可以先用學生被除數比除數大的情境，再逐漸減少被除數的數值，步驟詳見練習 8-3-1 的前兩個問題。

　　如果列出整數除整數的算式之後，孩子仍無法寫出分數的商，大人可以幫他連結之前的分數經驗，「以前我們學過分數，一個蛋糕等分成 12 份，1 份就是幾分之幾個蛋糕？」

　　當等分的單位不只一個時，會發生商有多個等值分數的可能性，例如 $2 \div 6 = \frac{1}{3}$ 或 $\frac{2}{6}$，前者是將每個單位 1 等分成 3 份，剛好 2 個單位就有 6 份，後者則是每個單位 1 都等分成 6 份。在學生還未學習到等值分數的判斷時，盡量避免選擇到這類的數字狀況，也就是宜選擇互質的被除數與除數，以減少爭論的發生。等到分數的經驗較為豐富時，可以搭配策略 8-2-6 一起探討等值分數的意義，而這一部分將在高年級版討論。

【練習 8-3-1】平分的結果

說明：為了讓孩子用以往整數除法的經驗類推到商為分數的除法，所以下列
　　　的題目宜由上而下排列整齊，各題的算式也宜對應著由上而下排列。

請把算式和答案寫下來：

1. 12 個哈密瓜平分給亮亮三兄妹，每個人可以分得幾個？

2. 3 個哈密瓜平分給亮亮三兄妹，每個人可以分得幾個？

3. 1 個哈密瓜平分給亮亮三兄妹，每個人可以分得幾個？

4. 2 個哈密瓜平分給亮亮三兄妹，每個人可以分得幾個？

策略 8-3-2　提供適合切割的情境

「三個朋友一起出錢買了 6 輛小貨車，平均每人有幾輛車？如果只買了 4 輛呢？如果只買了 2 輛呢？」（本題取自某出版社數學課程的教師手冊），雖然可算是真實生活中會出現的合理情況，但因為不能真的切割小貨車，被平分的是小貨車的價值或是擁有權。這樣的問題情境對初步接觸這類問題的兒童太難想像。

除了練習 8-3-1 使用的是「部分－整體」的情境之外，「子集合－總集合」的分數情境也適合平分，不過，宜讓孩子認識到題目所問的單位的重要性。練習 8-3-2 提供一些範例。

策略 8-3-3　把題意畫出來

畫圖是一種可以讓孩子產生意義的方式，不只是大人可以透過畫圖跟孩子解說分數，也可以要求孩子主動畫圖。當被除數比除數大，且商為分數的應用題可以至少有兩種等分的方式，剛好可以聯繫假分數與帶分數。例如 7 片口香糖平分給 2 個人，1 個人可以分得多少片口香糖？一種畫圖的方式是把每一片口香糖都等分成左右 2 段，各給 1 個人，每個人就會分到 7 個 $\frac{1}{2}$ 片口香糖，可以記成 $\frac{7}{2}$ 片口香糖。另一種畫法是先把第 1、3、5 片分給第一個人，第 2、4、6 片分給第二個人，第 7 片再平分成 2 段，一人得 1 段，結果每個人都分得 $3\frac{1}{2}$ 片口香糖。所以利用整數除法的分數意義，剛好可以將假分數與帶分數的關係再做一次連結。練習 8-3-3 提供一些範例（第 267 頁）。

【練習 8-3-2】有哪些適當的情境？

說明：宜先把大單位與小單位的關係說明清楚，再布置平分的問題。底下兩
　　　題範例，是用來對照商為整數與商為分數的差異。

1. 1 包糖果有 24 顆，把 1 包糖果平分給 4 個人，每個人分到多少顆糖果？

　如果問的是每人分到多少包糖果呢？

　兩題的問題差在哪裡？兩題的列式和答案有什麼不同？

　・24 ÷ 4 =（6）

　答：6 顆，因為問的是顆，就拿題目中所提到的顆的總數來平分。

　・1 ÷ 4 =（$\frac{1}{4}$）

　答：$\frac{1}{4}$ 包，因為問的是包，就用題目中提到的 1 包來平分。

2. 1 杯珍珠奶茶 600 毫升，3 杯珍珠奶茶平分給 4 個人喝，每個人分到多少
　杯？如果問的是每人分到多少毫升的奶茶呢？

　兩題的差異在哪裡？列式和答案有何不同？

【練習 8-3-3】兩種等分的畫法

說明：畫圖是一種可以讓孩子產生意義的方式，底下第 2 至 4 題是被除數比
　　　除數大，且商為分數的應用題，至少可有兩種等分的畫法，當孩子畫
　　　出其中一種時，大人可以提醒還有沒有另一種分法？並協助孩子確認
　　　假分數與帶分數的轉換。

請把題目的意思畫出來，並寫出答案。

1. 2 顆芭樂平分給 5 人吃，每人可以分得多少顆芭樂？

2.野餐時，10 片土司平分給 4 人，每人分得多少片土司？

3. 4 張海報紙平分給 3 個人做卡片。

4. 6 瓶果汁平分給 5 個人。

問題分析8-4：
分母加（減）分母、分子加（減）分子

　　運算的問題常常來自基本數概念的缺陷。分數運算上的錯誤，有一種可能性是孩子從整數運算經驗中自行衍生出來的，特別是不了解分子、分母的意義，又太快抽離情境脈絡的情況下，孩子很容易就自創分母加（減）分母、分子加（減）分子的方法。

　　另一種可能性是混淆單位1和全部。例如「一張蔥油餅等分成8份，哥哥吃了$\frac{3}{8}$張，弟弟吃了$\frac{2}{8}$張，兩人共吃了多少張？」，欣怡在單純的應用題尚可以列對算式，也可正確解題。但在配上了兩個等分成8等份的圓形圖，其中一個塗黑了3等份，另一個則塗黑2等分，欣怡列出$\frac{3}{8} + \frac{2}{8}$，答案卻寫$\frac{5}{16}$。前文綜合問題分析中已指出，可能是發現有16等分，其中5等份塗黑，所以產生錯誤答案。

　　這種問題的孩子在減法時的錯誤型態會比較多樣，例如：「一張蔥油餅等分成8份，哥哥吃了$\frac{3}{8}$張，弟弟吃了$\frac{2}{8}$張，哥哥比弟弟多吃了多少張？」在有兩個等分成8等份的圓形圖搭配時，有些孩子是將相差的1等份拿來和全部16等份相比，答案就會是$\frac{1}{16}$；有些孩子是將哥哥的3等份中和弟弟相等的2等份一起拿走，塗黑的部分只剩1等份，然後和沒塗黑的部分（5＋6＝11）合計12等份相比，答案變成$\frac{1}{12}$；也有孩子答案是$\frac{1}{11}$，是將剩下的塗黑的1等份和沒有塗黑的11等份相比。有些時候題目並未附上圖示，但孩子會自行想像畫面或自己畫上圖，要釐清孩子的問題，大人可以請孩子讀題目後，畫出他所想像的圖。

策略 8-4-1　加強分數的合成與分解

　　同分母分數的加減和多位數整數加減的重點類似。低年級學童要掌握整數多位數加減運算的意義，必須具備多位數的位值概念、能進行多位數的分解合成，例如 $35 + 22 = （　　）$，可以視為 3 個 10 和 5 個 1 加上 2 個 10 和 2 個 1，同樣單位的可以相加，再合成為一個二位數。要能有效率的進行同分母分數的加減，宜先將被加（減）數和加（減）數分解成數個同分母的單位分數，例如：$\frac{5}{8} - \frac{3}{8} = （　　）$，可以想成 5 個 $\frac{1}{8}$ 和 3 個 $\frac{1}{8}$，進行整數（加）減運算 $5 - 3$ 後，再將 2 個 $\frac{1}{8}$ 合成為 $\frac{2}{8}$。而這種自動流暢的分解合成必須以前面的數概念為基礎。

說明：本練習是提供同分母分數加減的情境，讓孩子練習用說的方式進行分
數的分解合成。

1. 家裡的米酒還剩 $\frac{3}{5}$ 瓶，晚餐時炒菜用掉了 $\frac{1}{5}$ 瓶米酒，還剩多少瓶米酒？

$\frac{3}{5}$ 瓶米酒就是 3 個 $\frac{1}{5}$ 瓶，炒菜用掉 1 個 $\frac{1}{5}$ 瓶，就還有 2 個 $\frac{1}{5}$ 瓶，也就是

$\frac{2}{5}$ 瓶米酒。現在下面各題用類似的方式說說看。

2. 1 包紅包袋有 10 個，爸爸原本有 $\frac{8}{10}$ 包，過年包紅包用掉了 $\frac{5}{10}$ 包，還剩

多少包？

3. 媽媽買了 $\frac{15}{4}$ 公斤的荔枝，分送給外婆 $\frac{5}{4}$ 公斤後，還剩下多少公斤的荔枝？

策略 8-4-2　不計算，只做估計

　　當孩子忙著計算時，常無心也無餘力進行答案合理性的判斷，所以老師可以提供一些題目，以策略 8-1-8 參考點和 8-1-9 生活中的分數量感為基礎，讓孩子對運算的結果做一些估計。孩子對於抽象的計算題常無法產生有意義的數量意義，就像整數計算題 398 ＋ 107 ＝（　　　），有些孩子會想成錢的情境，398 元加上 107 元，此時這些抽象的整數就會與孩子生活中的經驗連結在一起。同樣的，分數的加減也可以鼓勵孩子自行想像成有情境脈絡，例如：$\frac{1}{6} + \frac{4}{6}$ ＝（　　　），可以想像一瓶汽水可平分成 6 杯，1 杯就是 $\frac{1}{6}$ 瓶，$\frac{1}{6}$ 瓶加上 $\frac{4}{6}$ 瓶，答案大約是多少？接近 5 瓶？1 瓶？還是 $\frac{1}{2}$ 瓶？

　　要讓孩子真的可以只用估計，而非精確的計算，那麼試題必須有適當的設計。一方面除了合理選項會和計算結果較為接近外，其他選項宜盡量加大與計算結果的落差。二是可以把孩子容易犯的錯誤設計進選項中，例如：$\frac{1}{6} + \frac{4}{6}$ 有一個選項是 5（1 ＋ 4 ＝ 5），目的是要檢驗孩子是否被表面的一些數字所迷惑。練習 8-4-2 的部分試題是異分母分數的加減，但這不妨礙孩子進行答案的估計，而且使用孩子不會計算的異分母分數加減題，恰可確定孩子的確是在估計。

【練習 8-4-2】估計結果大概多少？

說明：請用分蛋糕或是平分汽水的情況，想像算式的意思。不要計算喔，只要估計看看答案大約多少？選出比較合理的答案。有些題目是你還沒有學過的計算題，不用擔心，你只要猜猜看，答案大概是多少才合理。

1. $\frac{1}{6} + \frac{4}{6} = ($) 大約是： ① 12 ② 5 ③ 1 ④很小，接近 0。

2. $\frac{4}{15} - \frac{3}{15} = ($) 大約是： ① 15 ② 7 ③ 1 ④很小，接近 0。

3. $\frac{8}{9} + \frac{9}{10} = ($) 大約是： ① 19 ② 17 ③ 2 ④ 1 ⑤很小，接近 0。

4. $\frac{15}{16} - \frac{13}{15} = ($) 大約是： ① 16 ② 2 ③ 1 ④很小，接近 0。

5. $3\frac{1}{8} + \frac{5}{8} = ($) 大約是： ① 11 ② 6 ③ 4 ④ 1 ⑤很小，接近 0。

6. $7\frac{3}{5} - 2\frac{2}{5} = ($) 大約是： ① 10 ② 5 ③ 1 ④很小，接近 0。

單元九

小數數概念與加減計算

吳昭容

個案：振邦

振邦是個就讀小五上學期的男生，中年級時已經學習了不少小數的課程，但小數的表現不穩定。他有時會正確的比較兩個小數，例如 0.8 ＞ 0.6、0.37 ＞ 0.21，但有時又會答錯，例如 0.49 ＞ 0.6，但追問為什麼 0.49 比 0.6 大，他又會更正應該是 0.6 ＞ 0.49，因為「要從整數開始比，一位一位的比才對，6 比 4 大，所以 0.6 ＞ 0.49」。振邦不論在應用題或是計算題，絕大部分情況都可以正確的加減小數。但要他從 0.01 累數小數，……零點零七、零點零八、零點零九之後，居然是「零點零十」，要他寫下來，寫的是「0.010」。

振邦在小數的分解合成多半可以正確，例如：2.7 是（2）個 1 和（7）個 0.1 合起來的；2 個 0.01、4 個 0.1 和 5 個 1 合起來是（5.42）。但 2.7 是 27 個（　）合起來，振邦就很沒把握，只能用猜的。度量衡單位間的轉換如果牽涉到小數的，也是時而對、時而錯。振邦最令人瞠目結舌的錯誤是小數和分數的轉換，例如在（　）中填入＜、＝、＞時，0.4（＝）$\frac{1}{4}$，1.6（＝）$\frac{1}{6}$。

綜合問題診斷

在概念上，小數是分數的一種特殊形式，也就是分母是 10 的次方（10、100、1000……）時才能表示成小數，另一方面在數字形式上小數是延伸自整數的十進系統，所以小數在概念上兼具有分數基本概念中的等分性質，以及與整數十進系統的位值概念，而在計算的規則上，則是從整數運算的運算規則中發展出小數的算則。所以補救教學時除了與之前的整／分數做好概念與算則上的聯繫之外，應該特別著眼在小數特有的數概念性質、與整／分數性質的區辨、與整／分數間的表徵轉換，以及小數加減運算的問題上。

小數的數概念問題

　　由於小數是分數的一種特殊形式，所以分數基本數概念中的等分、操作與指認、命名、大小比較、分解合成等性質，都是小數概念中的必要成分，同時由於小數延伸自整數的十進系統，所以掌握位值概念也是小數的重要性質。振邦能解決小數大小比較純粹是一種比較規則的背誦，從整數部分逐一比對，而其小數分解合成的表現不穩定，都顯示其小數基本概念並不完備。

無法了解小數與整數、分數的關係

　　小數與整數的關係，包括 10 個 0.1 或 100 個 0.01……等與 1 之間的分解合成、1 = 1.0 = 1.00……的等值意義，也包括 2.89 或 3.45 和 3 之間的大小比較。小數與分數的關係，包括很基本的 $0.1 = \frac{1}{10}$、$0.2 = \frac{2}{10}$、$0.01 = \frac{1}{100}$，稍進階的 $0.28 = \frac{28}{100}$、$5.67 = \frac{567}{100}$，以及分數與小數間的轉換（如 $\frac{4}{5} = 0.8$），與大小比較（如 0.4 和 $\frac{1}{4}$ 哪個比較大）。振邦在這部分看來是有問題的。

不理解小數與整數除法的關係

　　分數與小數的轉換上，會使用到整數除法將分數轉換成小數，同時，有些文字題情境是兩個整數相除的情境，其商可以用小數表示，此情境與單元八中，整數除法的結果以分數表示的情況類似。在此情況下，兒童必須了解即使被除數比除數小也可以繼續分下去，且要掌握二者的位數關係與商的位值間的關係，同時也要學習除法的直式算則。

小數加減的運算問題

　　一般兒童只要牢記小數加減要對齊小數點，就可以正確解決小數加減的運算，但如果對這樣運算的道理不清楚，僅是背誦規則，那麼當學習的內容越來越多（小數乘法對齊右邊）時，就容易有混淆的情況發生。所以學習的關鍵還是得回到小數數概念的基礎。

問題分析 9-1：小數的數概念

　　由於小數是分母為 10 的次方的特殊分數型態，所以，單元八有關分數數概念的問題分析 8-1 與 8-2 各項活動調整成分母為 10 的次方，就可用以檢查純小數的等分概念、操作與指認、命名、大小比較、分解合成，以及帶小數的相關概念。可以從策略 8-1-1 至 8-2-8 調整產生的策略與練習，下文就不再贅述，以下另外提供小數這種數字表示方式特有的輔導策略。

策略 9-1-1　利用遊戲熟悉小數大小比較

　　小數大小比較的作業，例如：「哪個較大？3.17 □ 2.58，填入＜、＝、＞」，常用來檢驗孩子對於小數數量意義的認識。由於小數數概念有兩種常見的錯誤概念，所以大人可以採用兩種類型的小數數對來進行診斷。一種是小數位數較長的比較短的數來得小，例如 0.17 和 0.8，前者的位數較後者長，且其數值較小，這可以診斷出整數大小比較方式的錯用──「0.17 ＞ 0.8，因為 17 比 8 大」。第二種是小數位數較長的比較短的數來得大，例如 0.37 和 0.2，前者的位數較後者長，且其數值較大，可以診斷出以為分割得越多的就會越小的錯誤想法──「0.37 ＜ 0.2，因為 0.37 是把 1 等分了 100 等份，0.2 是把 1 等分成 10 等份，100 等份的會比較小」，這樣的想法中沒有考慮到等分後所取的份數。

　　透過特殊設計的小數大小比較的數對，可以診斷孩子對於小數數量意義的錯誤概念，大人就可以有效的針對其錯誤概念加以說明與調整。

　　不過，有些孩子會背誦一種比較規則，就是將兩個小數從整數部分開始逐一比對，這樣的比較方式之下，即使是上述設計過的試題也無法確定孩子是否清晰的掌握小數的大小意義，振邦之所以能解決小數大小比較就是基於這種規則的背誦。此處提供一個遊戲方式，是將小數的大小比較與小數的數感結合起來，一方面減少孩子以規則背誦回答問題的機會，另一方面也可以發展小數的數感。

策略 9-1-2　搭配十進的度量衡

　　許多度量衡單位都是十進系統，例如前一單元的練習 8-1-2 中就提供了一部分的例子。認識一位小數時，毫米和公分的關係是個不錯的具體情境，分公升與公升的關係也是可用的情境。二位小數可以公分與公尺的關係為情境，三位小數的情境特別多，例如：公克與公斤、毫升與公升、公尺與公里。在各種度量衡的單元中，經常會出現單位間轉換的活動，這對兒童而言也常常是很大的困擾。練習 9-1-2 提供了各種常見的換算問題（第 279 頁）。

【練習 9-1-1】數線和小數的大小比較

　　老師先預想一個小數作為答案，事先把數字寫在紙上以取信於學生。黑板上放一條長長的數線，標出兩個標竿（例如 0 和 1），並在其下放一個向右、一個向左的箭頭，表示出範圍。遊戲是由小朋友猜老師心中的答案，每猜一次，老師一邊回饋，一邊讓猜答案的小朋友去移動其中一個箭頭到適當的位置，例如第一個猜測是 0.5，老師回饋：「比 0.5 大」，此時應移動 0 下方的向右箭頭到大約 0.5 的位置，在數線上方記錄下 0.5，表示答案在 0.5 和 1 中間。接著第二個小朋友猜測 0.8，老師回饋：「比 0.8 大」，此時第二位小朋友應該將在 0.5 下方的向右箭頭移到約 0.8 的位置，同樣在數線上方記錄下 0.8，表示答案在 0.8 和 1 中間。

　　數字與標竿的選擇，初期時可採純小數、標竿在 0 和 1 之間，先從一位小數開始，之後可以改為二位或三位小數。其後可以設定答案為帶小數，標竿的範圍也可以加大，例如 0 和 4。

　　這個策略是將小數的大小比較加以遊戲化，搭配數線來表徵其數量大小的情況下，可以協助孩子發展小數的數感。由於要將數字精準的標示在數線上，會牽涉到比例的問題，例如 0.4 是在 0 至 1 的數線等分成 10 份後的第 4 等份的位置，初期孩子可能不熟悉該如何找到適當的位置，老師可以先示範找位置的方法，不過也應該容許孩子的不精確，只要大致合理即可。

【練習 9-1-2】度量衡單位的換算

說明：度量衡單位的換算包括把大單位換成小單位、小單位換成大單位，或是小單位換成複名數的情況。為了使小數和分數有良好的聯繫，練習中的數值部分包括整數、分數、小數等各種組合。小數位數會影響試題難度，例如 23.6 公尺＝（　　）公分的難度，就會比 23.65 公尺＝（　　）公分來得困難，因為前者必須補 0。

· 10 分公升＝ 1 公升，那麼 21 分公升＝（　　）公升又（　　）分公升

· 36 分公升＝（　　）公升，請用小數表示

· 1 公尺＝ 100 公分，那麼 23.6 公尺＝（　　）公分

· 305 公分用小數表示是（　　）公尺，用分數表示是（　　）公尺

· 1 公斤＝ 1000 公克，$4\frac{7}{10}$ 公斤＝（　　）公斤（　　）公克＝（　　）公克

279

策略 9-1-3　利用計算機學習位值概念

　　計算機上的螢幕呈現的數字是十進系統，有些功能也可以發展出建立概念的活動。依序按下 ＋ 0.1 ＝ ＝ ＝ ＝……，計算機的螢幕就會陸續呈現 0.1、0.2、0.3、0.4……，也就是計算機執行了累加 0.1 的結果。特別值得留意的是 0.9 之後的下一個數字，可不是 0.10，而是 1。之後的數字則是 1.1、1.2……1.9，2。如果搭配策略 9-1-2 十進的度量衡情境，例如 0.1 公分、0.2 公分……0.9 公分、1 公分、1.1 公分、1.2 公分……等，會更為清楚其意義。

　　二位小數的進位亦同，依序按下 ＋ 0.01 ＝ ＝ ＝ ＝，螢幕就會呈現 0.01、0.02、0.03、0.04，在 0.09 之後會出現的是 0.1。

　　必須留意的是，在計算機的協助下，孩子學習到的是小數的數列順序，尤其是進位的關鍵數字，但並未能學習到 1 ＝ 1.0、0.1 ＝ 0.10，當然衍生出來的 1 ＝ 1.0 ＝ 1.00 ＝ 1.000……，或是 0.3 ＝ 0.30 ＝ 0.300……等，也無法在計算機的活動中學到。此一問題在策略 9-2-1 將有所討論。

問題分析 9-2：小數與整數、分數的關係

　　開始學習小數和分數的困難之一是，相同的量可以用許多不同的數來表示，例如 $\frac{2}{5} = \frac{4}{10} = \frac{6}{15} \cdots\cdots = 0.4 = 0.40 = 0.400\cdots\cdots$，孩子不只要能接受這種多元表徵的方式，而且還要能夠掌握這些等值數字之間的轉換。

　　課程中通常只在初步引入小數時會討論到與分數的關係，最常見的就是以 $\frac{1}{10}$ 介紹 0.1，其後頂多會討論到 $\frac{2}{10} = 0.2\cdots\cdots\frac{9}{10} = 0.9$ 等單純的分數與小數關係。二位小數亦同，會介紹到 $\frac{1}{100} = 0.01\cdots\cdots$ $\frac{9}{100} = 0.09$，之後就不常連結兩者的關係。振邦會誤答 0.4（＝）$\frac{1}{4}$，主要是因為這個問題欠缺情境脈絡，加上對 0.4 和 $\frac{1}{4}$ 被擺在一起感到陌生，完全忘了小數與分數的基本意義，結果表面的數字就變成判斷答案的依據。

　　整數與小數的等值關係是在 $1 = 1.0 = 1.00\cdots\cdots$；$2 = 2.0 = 2.00$ $\cdots\cdots$ 等表示方式上，分數和小數的關係就更為多樣，除了上述分母為 10 的次方分數與小數間的轉換外，其他分數例如 $\frac{1}{2}$、$\frac{3}{4}$、$\frac{3}{5}$ $\cdots\cdots$ 與小數間的關係也必須適時的發展。從除法來理解 $\frac{3}{4} = 0.75$ 是一種方式，本單元會在問題分析 9-3 處理，除此之外，等值分數的思考方式也是與小數連結的另一種方式，完整的約分、擴分的討論將在高年級版討論。依照九年一貫數學領域的分年細目，四年級學生應該要能理解等值分數，並進行簡單分數與小數的互換，例如能將 $\frac{3}{5}$ 的分母 5 變換成 10 的次方，有目的地擴分就可以連結分數與小數。

策略 9-2-1　適當安排具體物順序以認識等值小數

　　一般數學課本通常在介紹二位小數時介紹小數位名，也同時討論上述的等值小數問題，此處建議特別留意小數呈現的順序，應可增加孩子了解等值小數意義的機會。介紹二位小數時常採用 1 張百格板代表單位 1，等分成 100 等份的小方瓦，每個小方瓦即 0.01，另有 1 條橘色紙條上面隔有 10 個方瓦，長度恰與 10 個小方瓦一樣長。如果從 1 個方瓦逐一增加到 10，有些孩子很難理解為何 0.09 之後不該是「零點零十」。建議數字可以用類似下列的跳躍順序，且可先讓孩子講出數詞，再寫下數字。

　　　1 個方瓦──零點零一──0.01

　　　3 個方瓦──零點零三──0.03

　　　8 個方瓦──零點零八──0.08

　　　35 個方瓦──零點三十五──0.35

　　如果孩子「順利地」講出了零點三十五，則只需要說明小數念法的規範，「不夠 1 的小數部分唸法和整數不同，不加幾百幾十的名字，直接按順序唸數字而已，所以是零點三五，記成 0.35。」如果孩子還是講出了「零點零三十五」，只需先說：「35 個已經很多了，中間不用再加個零」，後面還會再回到這個位值問題。

　　　78 個方瓦──零點七八──0.78

　　　20 個方瓦──零點二零──0.20

　　　10 個方瓦──零點一零──0.10

　　這樣，希望出現 0.10 這樣的數字的期望就達成了，之後就是利用橘色紙條和 10 個方瓦一樣長，所以是 0.10 個百格板，而 10 條橘色紙條剛好也是 1 張百格板，從以前的分數概念可知道 1 條橘色紙條

是 $\frac{1}{10}$ 個百格板，也就是 0.1 個百格板，如此一來，就可以將 0.10 ＝ 0.1 連在一起了。

　　之後介紹十分位、百分位等位名，及其數量上的意義，此時可以回頭說明之前為何 35 個方瓦不說零點零三五，而是零點三五。

　　介紹二位小數除了利用百格板與方瓦的教具之外，常見的教學情境是 1 公尺和 1 公分的關係，1 公尺 ＝ 100 公分，1 公分 ＝ 0.01 公尺，此一情境可採數線的型式與之搭配。

策略 9-2-2　以分解合成連結小數與分數

　　用分解合成的方式聯繫分數與小數，例如 $\frac{26}{100}$ 這個分數有哪些不同的說法？26 個 $\frac{1}{100}$；2 個 $\frac{1}{10}$ 和 6 個 $\frac{1}{100}$；26 個 0.01；2 個 0.1 和 6 個 0.01；260 個 0.001……。這個活動可以搭配具體教具，例如一張百格板等分成 100 個小方瓦，10 個小方瓦連成 1 條橘色長條紙，或是數線上有 10 等分的大刻度，與 100 等分的小刻度，如此就有 1、0.1，和 0.01 的表示方式。也就是在純粹的數的情境下進行活動之前，最好能有量的情境的基礎，能先理解單獨的分數意義以及單獨的小數意義，再來從事兩者之間的聯繫。

　　從等值分數的角度而言，這個活動的答案是無限多的，因為 $\frac{26}{100}$ ＝ $\frac{260}{1000}$ ＝ $\frac{2600}{10000}$……。在有具體物搭配的情況下，大部分的孩子不會主動想到要把 0.01 再等分成 10 份，如果採用競賽的方式，能想出越多種不同答案就得越多分，就可能會促使孩子往等值分數的方向思考。

【練習 9-2-2】換一種說法

說明：以分解合成的方式來聯繫小數與分數的關係時，所選定的分數其分母
　　　必須是 10 的次方。

1. $\frac{8}{100}$ 這個分數有哪些不同的說法？

   8 個 $\frac{1}{100}$；8 個 0.01……

2. $\frac{105}{1000}$ 這個分數有哪些不同的說法？

   105 個 $\frac{1}{1000}$；1 個 $\frac{1}{10}$ 和 5 個 $\frac{1}{1000}$；105 個 0.001；1 個 0.1、0 個 0.01 和

   5 個 0.001……

3. 0.35 這個小數有哪些不同的說法？

   3 個 0.1 和 5 個 0.01；35 個 0.01；3 個 $\frac{1}{10}$ 和 5 個 $\frac{1}{100}$；35 個 $\frac{1}{100}$……

4. 2.67 這個小數有哪些不同的說法？

   2 個 1、6 個 0.1 和 7 個 0.01；267 個 0.01；267 個 $\frac{1}{100}$；2670 個 $\frac{1}{1000}$……

策略 9-2-3　從等值分數連結小數與分數

　　並不是所有分數都可以轉換成有限位數的小數，必須該分數（或在約分後）分母的整數倍為 10、100 或 1000……。例如 $\frac{2}{5}$ 或 $\frac{3}{4}$，分母的整數倍就可以化成 10 或 100，而 $\frac{3}{6}$ 或 $\frac{6}{15}$ 則在約分後分母就可以再擴分為 10 的次方。由於後者比較繁複，配合中年級對等值分數所能掌握的水準，此處所處理的分數限定前一種情況，亦即分母的整數倍為 10、100 或 1000 的分數，學生只要能理解再等分每一等份的方式，就可以將原分數擴分成分母為 10 次方的分數，並與小數取得聯繫。

　　目前的數學課程通常以量的比較促成等值分數的產生，例如，哥哥吃了 $\frac{1}{2}$ 個披薩，弟弟吃了 $\frac{5}{10}$ 個披薩，誰吃得比較多？在有圓形板作為操作的教具下，孩子可以發現 $\frac{1}{2}$ 的圓形板和 5 個 $\frac{1}{10}$ 的圓形板一樣大，據此將二者記錄成相等，$\frac{1}{2} = \frac{5}{10}$。類似的，$\frac{3}{4} = \frac{75}{100}$，可以用圓形板或百格板（搭配練習 9-2-3）作為教具。

　　從 $\frac{3}{4} = \frac{75}{100}$ 可以發現，純粹以量的比較來掌握等值分數的關係是非常脆弱的，因為當單位 1 被等分到 100 等份時，每一等份都非常小，操作上很容易產生誤差，如何能確認 $\frac{3}{4}$ 是等於 $\frac{75}{100}$，還是 $\frac{74}{100}$ 呢？所以，在有足夠的具體情境的操作經驗後，必須讓孩子可以抽象的理解為何 $\frac{3}{4}$ 應該等於 $\frac{75}{100}$。

　　大人可以在比較小的數值時，就讓孩子理解擴分在具體情境下的意義，例如 $\frac{2}{5} = \frac{4}{10} = 0.4$ 的道理。吃了 $\frac{2}{5}$ 個披薩可能和幾個 $\frac{1}{10}$ 相等呢？用圓形板操作後發現和 $\frac{4}{10}$ 相等，但為什麼呢？為何不是

$\frac{3}{10}$ 或 $\frac{5}{10}$ 呢？因為 $\frac{2}{5}$ 中每一等份（即 $\frac{1}{5}$）如果再等分成 2 小份，整個披薩就被等分成 10 小份，而原本吃掉的 2 等份，就會變成 4 小份，這樣的等分過程記錄成算式，就成了 $\frac{2}{5} = \frac{2 \times 2}{5 \times 2} = \frac{4}{10}$，分子、分母同乘一數的意義來自同樣都要再等分的操作，這樣的過程可以系列的安排成練習 9-2-3，雖然教具的操作不是此時的重點，但在有圓形板或百格板的情況下進行再等分的推理，會比完全抽象的想像來得容易，建議還是應該提供教具。

策略 9-2-4　利用遊戲連結小數與分數

　　準備數字卡 0 至 9，每次抽四張左右。讓同組比賽的人（約三、四人）利用這四個數字組成指定的小數或分數，看誰組成的數字最接近指定的數。例如抽出 0、1、4、7，指定的數是 0.5。第一個作答的人組出了 0.47，而第二個人挑戰他，組出了 0.471，而其他人也同意沒有其他更接近 0.5 的數字，則第二人得分。下一回合則第一個作答的人應該換人，例如同組比賽的人採順（逆）時針方向輪流。為了解決誰的答案最接近的爭議，建議每一組都應該有一個小型計算機，用目標數分別減去兩個有爭議的答案，差數（不管正負號）比較小的就是比較接近。

　　為了聯繫小數與分數的關係，可以指定目標數是分數，但要小朋友組出最接近這個分數的小數（搭配練習 9-2-4，第 288 頁）。初期選定的分數採用可除盡的，例如 $\frac{3}{4}$，當大家都很熟悉這樣的玩法後，就可以放寬限制，無法除盡的分數如 $\frac{1}{3}$，仍然可以用計算機判定哪一個答案是最接近的，而這樣數字可以提供孩子一些新的經驗。

【練習 9-2-3】再等分每一等份

說明：底下的練習經過量的比較、乘數未知的乘法解題、擴分的算式，再到
分數與小數的等值關係的理解。常用的教具如圖。

   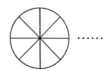

圓形板

請用圓形板操作看看，$\frac{2}{5} = \frac{(\quad)}{10}$。

為什麼 $\frac{2}{5}$ 會和 $\frac{4}{10}$ 一樣大？想想看，如果原本的 $\frac{1}{5}$ 的圓形板，都再被等
分成 2 小份，那麼 2 等份的 $\frac{1}{5}$ 圓形板會成為幾小份？

用乘法算式記錄再等分的操作，就會成為 $\frac{2}{5} = \frac{2 \times 2}{5 \times 2} = \frac{4}{10}$，表示成小
數就是 0.4。

我們都知道 $\frac{1}{2} = 0.5$，請用圓形板和前面的算式說明。

$$\frac{1}{2} = \frac{1 \times (\quad)}{2 \times (\quad)} = \frac{(\quad)}{10}$$，用小數表示就是（　）

有些人可能知道 $\frac{3}{4} = 0.75$，請用類似的算式說明。

$$\frac{3}{4} = \frac{3 \times (\quad)}{4 \times (\quad)} = \frac{(\quad)}{100}$$，用小數表示就是（　）

小數就是分母是 10、100 或 1000……的分數，所以，要把分數變成小
數，就要先把分數的分母變成 10、100 或 1000……，這時候可以用乘數未知
的乘法算式來找出適當的分母。

$\frac{7}{20}$ 用小數表示就是（　）。先想想 20 乘哪個整數，可以變成 10、100
或 1000？

$$\frac{7}{20} = \frac{7 \times (\quad)}{20 \times (\quad)} = \frac{(\quad)}{(\quad)} = (\quad)$$

$\frac{9}{25}$ 用小數表示就是（　）。先想想 25 乘哪個整數，可以變成 10、100
或 1000？

$$\frac{9}{25} = \frac{9 \times (\quad)}{25 \times (\quad)} = \frac{(\quad)}{(\quad)} = (\quad)$$

【練習 9-2-4】數字組合遊戲

說明：道具是數字卡 1 至 9，每次抽三或四張，抽卡的方式可以置回或不置回，前者可能會抽到重複的數字，例如 2、2、9 三張數字卡。組成數字時可以視需要自行加入必要的數字 0，另外，是否三張數字卡都要用到，老師或家長可以依需要調整規定。目標數不一定由老師指定，例如四個人一組進行遊戲時，第一回合答題的順序是 A、B、C、D，則此一回合可由D負責指定目標數。第二回合答題順序為 B、C、D、A，則由 A 負責指定數字。

1. 目標數 0.5，數字卡 3、6、7，可能的答案 0.6、0.376、0.637……。
   按計算機確認 0.5 - 0.6 的差值（不管正負號）最小。

2. 目標數 0.25，數字卡 3、6、7，最接近的答案是 0.3。

3. 目標數 3.5，數字卡 3、6、7，最接近的答案是 3.6。

4. 目標數 0.08，數字卡 3、6、7，最接近的答案是 0.0763。

5. 目標數 $\frac{1}{5}$，數字卡 3、6、7，最接近的答案是 0.3。

6. 目標數 $\frac{3}{5}$，數字卡 3、6、7，最接近的答案是 0.6。

7. 目標數 $\frac{1}{3}$，數字卡 3、6、7，最接近的答案是 0.3 還是 0.36 呢？按按計算機吧！

問題分析 9-3：小數與整數除法的關係

　　由於小數是分數的一種特殊形式，分數所有的意義也都會是小數的意義。分數有一種意義是整數相除的結果，例如 2 公升的牛奶平分成 5 杯，每杯是多少公升？用整數的除法算式表示就是 2 ÷ 5 ＝（$\frac{2}{5}$）＝（0.4）。所以從這個角度可以發現，小數與整數、分數間的另一種關聯性。

　　另外，由於小數在數的形式上和整數一樣是十進系統，所以可以沿用整數除法的直式算則。孩子在學習商為小數的直式除法時，常常無法清晰的理解其意義，而是以背誦的方式記住演算的方式。以 2 ÷ 5 的直式算則為例，2 的小數點後補 0，以 20 除 5，再在商 4 的前面補 0,，答案成為 0.4，這樣的演算方式其實可以從被除數先放大，再將商縮小回來的方式理解其意義。

　　九年一貫數學領域的分年細目中，四年級學生必須能用直式處理整數除以整數、商為三位小數的計算，本章採用樣式的規律性來協助孩子察覺這樣的演算的意義，至於小數乘除法的直式算則的意義與策略，將在高年級版再討論。

策略 9-3-1　利用計算機和列表認識整數除整數、商為小數的規律性

　　目前數學科各版本處理「2 公升的牛奶平分成 5 杯，1 杯是多少公升？」的解題，通常是以轉換單位的方式說明，「2 公升的 2 沒辦法除 5，但 2 公升可以看成 20 分公升，20 分公升平分成 5 杯，每杯 4 分公升，因為題目問的是多少公升，所以單位換回公升，就成為 0.4 公升。」或是「2 公升可以看成 20 個 0.1 公升，平分成 5 杯，就會是 4 個 0.1 公升，也就是 0.4 公升。」這樣的討論需要比較純熟

的語言理解或表達能力，本策略希望提供比較直觀的方式，讓孩子從規律性的資料中觀察到被除數、除數與小數商的位數關係。

　　練習 9-3-1 表格內的答案，建議讓孩子全部用計算機來計算，目的在減少計算上的困難，而使孩子可以將心力放在規律性的發現，並思考這種規律性的道理。

　　填好表格後，孩子應該可以發現表格內的答案具有一些規律性，同一橫欄的答案由左而右越來越小，而且剛好是小了 $\frac{1}{10}$，即 0.1 倍，同一縱行則是越來越大，而且是大 10 倍，左上到右下的斜對角則答案一樣大。此時大人可以追問：「同一橫欄的答案是怎麼算出來的？比方平分份數是 5 的那一橫欄，答案是 400、40、4、0.4，為什麼會是這種規則？」孩子應該能指出因為被平分的牛奶從 2000 公升、200 公升、20 公升、2 公升一路遞減，每次都是左格的 $\frac{1}{10}$，結果商也是一路遞減，每次都是左格的 $\frac{1}{10}$。同一縱行與斜對角線上各空格的關係也可用類似的追問方式進行討論。

　　大人可以將上述的規律性和解決整數除整數、商為小數的解題連結起來，「當我們要算 2 公升除以 5 的時候，發現從以前整數除法的作法是沒辦法算的，那就先把被除數 2 擴大 10 倍，變成 20，就可以除 5 了，答案是 4。但因為之前被除數是偷偷擴大的，所以要把 4 縮小回來，就變成 0.4。」

【練習 9-3-1】除法的規律性

說明：表格中白底的欄位是屬於整數除整數的範圍，有灰色網底的欄位則牽
涉到小數除整數或整數除小數的範圍，老師或家長可以根據課程進度
提供白底部分，或是整張表格，甚至可以再多加一些欄位。講解表格
的意義後，請孩子用計算機按出答案，填到表格中。之後請孩子說說
看，發現了什麼？

請各位小朋友完成這個表格。表格是記錄把不同公升數的牛奶平分成不
同份數的結果，例如：橫的欄位的 20 指的是 20 公升的牛奶，縱的欄位的 5
指的是平分成 5 桶，表格中空白的部分是要填入平分後的 1 桶牛奶是多少公
升？

牛奶（公升） 平分份數	2000	200	20	2	0.2
500					
50					
5					
0.5					
0.05					

300 公斤的砂糖分裝成 20 袋，每袋是 15 公斤，那如果是 30 公斤也分裝
20 袋，每袋是多少公斤？不要計算，也不要按計算機，你可以完成下面這張
表格嗎？

砂糖（公斤） 分裝袋數	300	30	3	0.3
20	15			

問題分析9-4：小數加減的運算問題

　　會做整數加減計算的孩子，在同位數的小數加減上通常不會有問題，會出現狀況通常是位數不相等的小數加減，也就是對位上出現錯誤，這表示孩子在小數的位值概念上還不太清楚。解決小數加減問題的根本之道，就是回頭澄清小數的數概念，本處另外提供兩個不同的策略。

策略9-4-1　搭配情境的合理性判斷

　　有些孩子並不是完全不了解小數的位值概念，只是在面對抽象的小數數字時無法主動連結到其數量意義。另外，計算題常讓孩子埋頭費力計算，而忘了判斷解題的合理性。練習 9-4-1 提供了一些案例讓孩子專心於合理性的判斷。

策略9-4-2　利用高位數進行估計

　　對有些孩子而言，進行小數加減結果的估計比真正進行計算還難，這主要是因為他們並未純熟掌握小數的數感，計算可以用背誦運算規則來應付，但估計卻要彈性的掌握小數的數量意義。

【練習9-4-1】這樣算，有道理嗎？

說明：底下所提供的是一種有情境的計算題，孩子不需要費力閱讀題意來決定計算方式，但可以有數量的意義，也不必自行計算，只需做出對錯的判斷。

1. 2.25 公升的牛奶，加上 13.8 公升，是多少公升？小梅的算法是

$$
\begin{array}{r}
2.25 \\
+\ 13.8 \\
\hline
36.3
\end{array}
$$

答案是 36.3 公升，合理嗎？為什麼？

2. 15.7 公尺的布用掉了 1.46 公尺，還剩多少公尺？小梅的算法是

$$
\begin{array}{r}
15.7 \\
-\ 1.46 \\
\hline
0.11
\end{array}
$$

答案是 0.11 公尺，合理嗎？為什麼？

3. 把兩包砂糖合在一起，0.9 + 1.52 公斤，小梅的算法是

$$
\begin{array}{r}
0.9 \\
+\ 1.52 \\
\hline
2.42
\end{array}
$$

答案是 2.42 公斤，合理嗎？為什麼？

【練習 9-4-2】結果大約多少？

說明：請把紙筆收起來，不要計算，利用較高的位數進行估計。

1.　15.3 ＋ 7.1 ＝（　）大約是：　① 86　② 22　③ 16。

2.　2.57 ＋ 3.3 ＝（　）大約是：　① 6　② 3　③ 2。

3.　58.44 ＋ 1.9 ＝（　）大約是：　① 77　② 60　③ 59。

4.　6.415 ＋ 2.7 ＝（　）大約是：　① 644　② 69　③ 9　④ 7。

5.　43.7 － 2.5 ＝（　）大約是：　① 41　② 18　③ 2。

6.　69.3 － 44 ＝（　）大約是：　① 25　② 65。

7.　7.98 － 5.9 ＝（　）大約是：　① 74　② 7　③ 2。

第三篇

動機學習

單元十　學習行為適應與輔導

第三篇「動機學習」導論／張景媛

六歲孩子進入小學後，大多數不了解自己的狀況，只從父母老師口中得知要努力學習。但是到了中年級以後，孩子們對自己的能力、興趣有較多成功與失敗的經驗後，慢慢開始形成自我概念，也就產生了「我有沒有能力學會」的問題。

每個孩子的特質都很不一樣，有些孩子個性溫和，不一定會想要事事求完美；有些孩子爭強好勝，非要得第一不可。不是哪一種類型的孩子一定是好的，還是要依孩子的特質加以引導。或許家長會覺得當然是積極奮發、努力爭取好成績的才是好孩子。但是從過去的經驗中發現，引導孩子走上適合個人特質的路才是最佳的途徑，否則過度的要求孩子依成人的想法發展，有時反而會造成無法彌補的遺憾。

當然，要家長引導孩子走上適合個人特質的路，這不是一件容易的事。有時連家長自己都不完全了解適合自己的路是什麼，又如何要求家長知道適合孩子走的路呢？親職教育長期以來沒有關注到

唉！如果數學也像滑雪一樣簡單就好了！

這個面向，沒有教導家長如何認識自己的孩子，卻一再要求家長應該如何做，這對身為家長的成人來說是很困擾的一件事。目前，學校教育應將親職教育納入正軌，不應只當作學校附帶進行的一項例行活動而已。各公司機構也要配合這項措施，提供員工固定參與親職教育的時間。有了固定的親職教育時間後，接著要考量的是叫父母來做什麼？首先要讓父母學習各種了解孩子的方法，例如：常帶孩子去動物園，從認識各種動物的特性中，發現孩子的興趣與喜好；帶孩子去登山健行，從登山的過程中發現孩子的耐力與面對困難的態度與想法；從體驗農夫的過程中發現孩子對自然界的興趣等。

其實，台灣在社會快速變遷下，教育環境沒有跟上時代變遷的腳步，父母忙於應付工作上的壓力，又不知如何調整親子間的互動關係，造成親子關係越來越疏離，父母不知如何與子女互動，這個問題到現在都沒有較好的解決方案。若要從根源著手，就必須提出整體的配套措施，針對目前的社會現象進行深入的檢討，促使台灣走向精緻化的教育政策，將教育視為國家的重要政策之一，全民一起來關心我們台灣的教育環境。

你小小年紀也懂得觀察天象啊！

快下雨了，我們快回去吧！

　　本篇學習輔導沒有將目標設定在全面的學習問題上，也沒有將問題定位在某個學習領域中，而是針對各領域都可能發生的、會影響學生學習行為的問題，進行個案的診斷與分析，並從導師教學策略或班級經營方面，以及父母參與孩子學習的角度提出整體配套的建議。在進入個案診斷之前，先簡單介紹幾個相關概念，作為之後分析個案時的依據。

一、訊息處理的負荷量

　　當我們在學習的時候，並不是所有的訊息都可以照單全收，如果學習的訊息太多，需要處理的數量很大，且超過了我們所能負荷的記憶量時，學習就無法順利進行。此外，當學習者自己覺知教學材料很困難時，也會造成心智上的負荷。

　　啟示 將教材做適當的處理，讓孩子不會感到教材過於困難，以減低孩子在訊息處理上的認知負荷量。

二、對知識及能力的看法

知識是怎麼來的？個人的能力是不是天生的？很多人的看法並不一致，而這些看法都會影響到學習行為，譬如認為能力是天生的孩子，在遇到學習困難的時候不會花很多的時間來學習，因為他會認為學不會是自己太笨的緣故，再怎麼學都不可能學會。事實上，成功是要靠許多後天的努力，練習也可以改變學習結果。

啟示 深入了解孩子對知識及能力的看法，並設計相關的活動，建立孩子正確的信念，這對孩子的學習是有幫助的。

三、多元智慧

傳統教育把大部分的重心都放在語文及數學上，並且以學業成績視為智能的表現。近年來多元智慧論則主張，人類的智能是由各種強度不同的智慧統合而成，且彼此間相輔相成。換言之，每個人都擁有多種智慧，只是每個人在這些智慧上的優勢及弱勢各不相同。如果一個孩子在某一學科表現不好，這並不表示他在各方面的能力都很差，教師及家長應找出孩子較優勢的智慧，並試圖從孩子較強的智慧著手，幫助孩子建立自信，有了自信的孩子才有可能改善自己學習上的問題。

啟示 每個孩子都是獨立的個體，教師及家長要用心了解孩子的多元智能，並用不同的方式引導並啟發每個孩子的潛能。

四、正向或負向思考的影響

很多研究發現，一個人的思考模式會影響他的生理狀況，譬如正向思考的人會促進體內分泌愉悅物質，這些愉悅物質能使人體的血管收縮正常、提高免疫力、防止成人病、延緩老化。但是負向思考的人則會分泌不好的物質，造成血管收縮、血壓上升、氧氣供給

不足、血管阻塞、血小板容易毀壞。所以當孩子認為自己很笨的時候，體內分泌出的物質會讓他的胃部下沉，行動緩慢，這些現象自然會影響孩子的學習成效。

　　啟示 心理影響生理，生理又回過頭來影響心理，最後影響到孩子的學習表現。

 ## 學習行為的輔導

　　從以上的幾個概念可以知道，學習不是單純的事，孩子的學習困難可能是有很多的因素所造成的。

　　為了幫助孩子做有效的學習，教師要了解孩子在訊息處理時，他的認知負荷量是有限度的，所以在設計教材時必須對教材做適當的處理；教師也要了解孩子對知識及能力的看法，並引導孩子建立正確的知識信念；教師還要了解孩子的多元智能，並安排各種活動，讓每個孩子的潛能得以充分發揮；最後，教師必須要時時注意給予孩子正向的引導，建立正向的思考，以增進孩子學習的興趣與動機。

　　然而孩子學習行為的輔導並非完全是教師的責任，而是需要大家一起來關心，以及整體配套措施，包括家人的關心、導師的協助、同儕的互動、學校的規劃、社會的資源等，同時也要培養學生自我體驗及省思的能力。除此之外，隨著孩子的成長，教師也要適時的去引導家長了解孩子在進入一個新階段時所需要做的調適，以及家長本身需要配合的地方。譬如，幼稚園的老師要讓家長了解孩子進入國小後應如何發現孩子的長處，如何和孩子相處；低年級老師要讓家長了解孩子進入中年級時的學習情形，家長要如何幫助孩子；中年級的老師要讓家長了解孩子進入高年級時會遇到的困難，家長可以如何注意孩子的狀況；高年級老師則要讓家長了解孩子進入國中時會面對的挑戰，以及要如何做才對孩子有益。

　　家長及教師都必須體認到，在不同的學習階段中，孩子都有可能發生學習適應上的問題，這時診斷與分析孩子的狀況是必要的。經過觀察、診斷與分析後，才有可能思考各種可行的策略與方法，並經由實際執行及檢視執行的狀況，適度的改進輔導的策略與方法，這也是教育工作者應有的態度與信念。本篇提供兩個案例來討論孩子學習行為適應的問題以及一些策略，希望可以給家長及教師作為教養及輔導上的參考。在此要特別說明的是，目前對於孩子的學習行為適應的問題尚未有適當的評量工具可供採用，未來也應逐步發展相關的評量工具，以便讓老師在評量孩子的問題時有所依據，而不至於過度詮釋孩子的狀況。

　　幫助孩子成長是你我共同的責任，盼望大家一起來關心我們的下一代。

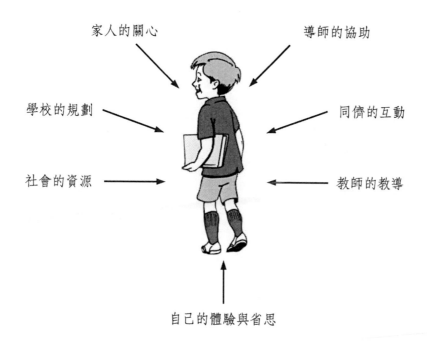

家人的關心　　導師的協助

學校的規劃　　同儕的互動

社會的資源　　教師的教導

自己的體驗與省思

我可以
　　學得更好（中年級版）

學習行為適應與輔導

李麗君、張景媛

個案一：小琪

　　小琪今年上小學四年級，她的功課在班上算是中等，也沒有出現什麼特別的行為問題。但是，最近小琪上課時越來越不專心，數學課時頻頻出錯，雖然經過多次練習，小琪仍然學不好。老師發現在其他課還會回答問題的小琪，上數學課時就變得特別安靜。有時老師在數學課時請小琪回答問題，可是小琪都會先看看旁邊同學的答案，才肯回答老師的問題。如果老師要求小琪自己回答問題時，小琪的回答就變得很小聲，幾乎聽不到。如果小琪回答的答案是錯的時候，班上其他同學就會哄堂大笑，搶著舉手說：「老師我！」這時小琪的頭低下來，上課也變得無精打采。

　　幾次下來，老師發現當別人在認真的寫練習題時，小琪不是左顧右盼，就是發呆。老師要小琪專心做練習，小琪則說：「我不會做！」老師說：「妳做，我看看！」結果寫出來的式子果然是錯的，小琪說：「我就說我不會嘛！我怎麼學都學不好數學的。」老師了解小琪是單親家庭，媽媽辛苦工作養育小琪，也沒有多餘的時間能教小琪數學。小琪沒有什麼要好的同學，因為她下課時很少主動找同學玩，同學也不會特別找小琪玩。這樣下去，小琪該怎麼辦呢？

綜合問題診斷

【個人方面】

➤ 小琪在數學學習上遭遇困難，長期累積的失敗經驗，導致小琪對自我失去信心，造成自我效能感（self-efficacy）低落。

➤ 小琪所表現出的一些行為，譬如不敢舉手發言、看別人的答案、回答問題的聲音很小、不願意多去嘗試，這些都是一再失敗帶來的挫折感，讓小琪對事情表現出退縮的行為。

➤ 在自信心不足、自我效能感低，以及一再挫敗的經驗下，小琪可

能把成敗歸因為本身能力的問題，認為自己先天能力就已經不如他人，即使努力也是徒勞無功的。

➠老師要求小琪寫寫看時，小琪已事先預想自己一定不會做，所以根本就沒有用心去試。當寫出來的答案錯了的時候，小琪更加肯定自己不可能學得會。這種想法其實是一種自我應驗預言（self-fulfilling prophecies）的效應。

【同學方面】

➠小琪答錯時，全班哄堂大笑，長期下來，造成小琪更不願意思考問題，不思考就不會答錯，不會答錯就不會被笑。對小琪來說，這是一種逃避失敗的好辦法。

➠小琪不會主動找同學玩，同學也不會主動邀請小琪參與活動或是主動關心小琪的功課，小琪和她同學都缺乏人際互動的技巧。

【社會資源方面】

➠小琪是單親家庭，相依為命的母親忙於賺錢養家，小琪也沒有兄弟姊妹的幫助，所以是欠缺社會支援。同時媽媽沒有多餘的金錢能安排小琪接受課業輔導，也不知道如何尋求支援，所以在缺乏人力與金錢的支援下，小琪的問題日漸惡化。

自我效能感低落

社會資源不足

表現出退縮的行為

人際關係缺乏

努力也沒有用

逃避失敗的心態

自我應驗預言

沒能力的小琪？

問題分析 10-1：失敗經驗造成自我效能低落

　　小琪在這學期學習數學時開始出現問題，頻頻出錯，於是小琪在學習數學上開始產生退縮，不敢舉手發言，回答問題時，對自己的答案則不夠肯定，不是要先跟同學對答案，就是很小聲的回答老師。這是因為小琪在這學期學習數學上有困難，並且累積了一些失敗的經驗。因為這些失敗的經驗，讓小琪認定自己在做類似活動時失敗的可能性比較大，所以不敢舉手發言，也不敢確定自己的答案是否正確。換言之，在經過多次失敗的經驗後，小琪對於自己已逐漸失去信心，認為自己可以成功完成任務的效能感低落。

策略 10-1-1　幫助發現自己的多元智能

　　小琪從小到現在沒有思考過自己的優點有哪些，親人也未帶她接觸生活中的各種事物，造成小琪無法獲得生活中的各項資訊，這些都會影響她思考能力的增長。有實驗研究：「若將小猴與猴王關在同一個籠子裡，長期下來會影響小猴的大腦功能，因為猴王相當的權威，小猴無法有個人的想法，同時沒有接觸外在世界的機會，因而影響小猴的大腦功能。」從這個實驗發現，若能帶小琪多接觸生活中的萬事萬物，發現自己的興趣與喜好，思考自己擅長的能力，這些都能激發小琪重燃學習的動機。

　　學校也可以透過「綜合活動學習領域」，舉辦各式各類的活動，讓孩子從參與的各種活動中體驗自己的興趣與能力。例如：進行觀察校園生態、進行服務學習、參與闖關活動、設計校慶義賣，或是進行小天使與主人的活動，但不是要替主人服務，而是要注意觀察主人的特殊能力，並要以具體的事情來說明主人所擁有的能力是什

麼。經由精心的課程規劃，將「活動」轉化為有意義的「活動課程」，讓各種才能的學生在多樣的活動課程中發現個人的潛能。

策略 10-1-2　面對自己優勢與弱勢的能力

小琪最近才開始在學習數學上出現困難，對此，老師應找出小琪學習數學困難的真正原因，並且給予適當的學習輔導（有關中年級數學學習問題的診斷與輔導，請參見本冊第二篇），唯有對症下藥才能幫助小琪面對自己學習上的困難。

但是要讓小琪面對自己的弱勢智能，先決條件必須讓小琪對自己的某些能力和表現有信心，並了解每個人都有較強的與較弱的能力，連老師也都會害怕學習某些學科。透過教師本身的例子增強小琪對能力的認知。例如：教師可以分享自己小時候最怕上美術課，因為畫什麼都畫不像；或者老師可以分享自己小時候也很怕做數學，幸好哥哥數學很好，時常教我數學，慢慢的就不覺得害怕了。然後，教師問學生：「如果家人都沒有辦法教你數學，那該怎麼辦呢?」透過同學的討論，發現許多人有這樣的困擾，並想出互相教導的方法，發揮團隊合作的精神，讓班上同學都能快樂的學習。

策略 10-1-3　創造具體的成功經驗

小琪在這學期的數學課程中，累積的大都是失敗的經驗，老師可以先製造機會讓小琪發揮她的專長，讓同學發現小琪好的表現，並願意主動和她做朋友。唯有在小琪有信心的情況下，才有可能坦然面對自己弱勢的能力。至於在數學課堂上，老師可試著幫小琪創造一些學習數學的成功經驗，譬如老師可以向小琪提出較簡單，且確定小琪可以正確回答的問題，並且在小琪成功回答之後，給予肯定，讓她對數學學習的經驗不再只有失敗而已。若是小琪在同學的協助下有進步時，也不忘稱讚幫助小琪的同學，讓同學懂得如何互

相幫助。

　　除了在數學上慢慢累積成功經驗外，在各種活動上也要注意提供小琪表現的機會。在學校各項活動中，老師常將機會給予表現非常傑出的同學，這雖然沒有錯，但感覺上就像是錦上添花。如果在班級活動時，能將機會提供給不同能力的孩子，讓每個孩子都能感受到自己的興趣與專長，相信孩子會學習得更好。注意：當孩子有成功的經驗時，在生理上自然會分泌出愉悅的物質，這些好的分泌物會影響孩子的生理反應，讓他們擁有面對挑戰的能力與信心。

策略 10-1-4　建立正向的自我評估

　　針對小琪自我效能低落的問題，老師除了幫助小琪建立在優勢能力或數學學習的成功經驗外，另一方面，也可以透過故事或名人傳記發現名人也有失敗的時候，讓小琪了解如何多思考自己會做的事情，不要只注意到失敗的經驗，老師可經常肯定小琪表現良好的地方，協助小琪調整自己的想法，懂得凡事朝正向的一面去思考。教師可以出許多的情境題，教導學生學習正向的思考，例如：當我們不小心跌倒時，有人會想：「今天怎麼這麼倒楣。」有人卻高興的說：「雖然跌了一跤，但是只擦破一點皮，這是警告我要小心一點，免得發生更大的危險，感恩！」

問題分析 10-2：長期的挫折造成退縮的行為

　　小琪所表現出的一些行為，譬如不敢舉手發言、跟別人對答案、回答問題的聲音很小、不願意多去嘗試，這些都是因為一再失敗所帶來的挫折感，讓小琪對學習產生退縮的行為。另一方面，老師要求她不要跟其他同學對答案，要她直接把自己的答案說出來，或是要小琪上台寫答案，老師的本意或許是希望可以藉此激勵小琪好好認真學習，但是對小琪來說，就是因為對自己的答案不確定，所以才要跟別人對答案、不敢舉手發言，或是小聲回答；尤其當小琪當著全班同學面前被老師要求回答或上台寫答案，結果卻是錯的時候，這種當眾的失敗，更加深了小琪的挫折感，導致到後來小琪乾脆直接放棄。

策略 10-2-1　降低可能造成挫折感的活動

　　小琪在學習數學上已遭到很大的挫折，這時老師不宜再繼續加深她的挫折感。因此在小琪對自己的答案不甚肯定的時候，老師不要強迫要求她作答，以免因為回答錯誤再次加深小琪的挫折感。老師可以在學生練習的時候到同學座位間巡視，確定小琪有正確的回答後，再請她在其他同學面前說出或寫出算式，避免她因為回答不出而產生挫折感。換個想法來說，老師不但不應禁止，反而應鼓勵同學間彼此討論不會的題目，讓學生先確定正確的作答方式後，再請同學自發性的提出答案，並說明為何如此作答，避免在全班同學的注意下，因為不會回答或答錯而感到羞愧。藉由同儕彼此討論題目的過程中，學習互相幫助與互相學習的技巧。重要的不是只說出正確的答案，而是要說出為什麼這樣作答。

策略 10-2-2　透過各種遊戲活動或故事培養挫折容忍力

　　老師在引導學生思考時，除了肯定學生正確的答案外，也要鼓勵學生多做嘗試，即使學生的思考或做法會導致錯誤的結果，老師也要肯定學生願意嘗試的行為，並且帶領學生一起找出產生錯誤的關鍵原因，進一步釐清概念。也就是師生透過對話討論，讓教師了解學生無法理解的原因，也讓學生了解教師真正的意思。當孩子說出不正確的答案時，教師不但不應責備，還要稱讚孩子能把心中的想法說出來，這樣可幫助許多同學把問題思考得更清楚。

　　或許有人會說前面不是要降低孩子的挫折感嗎？為什麼現在又要孩子嘗試錯誤呢？這裡要釐清的觀念是：盡量減少弱勢智能的挫折感，並可從平時綜合活動學習領域課堂教學的各種遊戲活動或以故事方式，培養孩子的挫折容忍力，讓孩子知道凡事都會有成功有失敗，成功的時候要如何面對勝利的情境，失敗的時候要如何面對沮喪的心情。有一個很有趣的譬喻：人生就好像坐摩天輪，當一個人獲得成功時，就好像摩天輪轉到高處，這時你要小心的是──前面將是下坡路，不要因一時的勝利而樂過了頭；當一個人受到挫折打擊時，就好像摩天輪轉到谷底，這時你要想到──前面即將是上坡路了，不要因一時的失敗而灰心喪志。另外，老師也可以透過故事讓學生了解在生活中遭遇到困難、失敗是很平常的事，只要不畏艱難，願意努力再試，終有成功的一天。

【練習 10-2-2】面對失敗應有的態度

說明：老師或家長先把故事說給學生聽，或是請學生自己讀；接著回答第一
　　　部分的問題；等到確定學生已掌握故事的重點後，再請學生進一步回
　　　答第二部分的問題，並與學生進行討論。

波波要蓋自己的家

　　波波終於盼到這一天了。之前，小海獺波波每天都問著海獺爸爸與海獺
媽媽：「我什麼時候可以長大？什麼時候可以游到外面的湖去蓋我自己的
家？」海獺爸爸與海獺媽媽跟牠說：「你現在還小，等你長大了就可以去蓋
自己的家了！」波波每天盼呀盼，終於有一天，海獺爸爸與海獺媽媽跟波波
說：「波波！你現在已經長大了，可以游到外面的湖，去蓋個屬於自己的水
壩、自己的家了。」

　　波波滿心歡喜的跟海獺爸爸與海獺媽媽說再見後，就朝他所期待的外面
世界游去了。波波找到一片乾淨的湖水，準備開始建築牠的家，這是波波第
一次自己親手蓋屬於自己的水壩。

　　湖裡的小烏龜圓圓、湖邊的白鷺鷥巧巧，都很高興波波來到這片美麗的
湖上跟牠們當鄰居，牠們也很熱心的告訴波波哪裡有木頭。波波找到木頭後，
先用牠的大門牙把木頭咬斷，再從岸邊拖到水裡面，開始建水壩。頂著大太
陽，波波不知道在岸邊咬斷了多少根木頭，又在岸邊、水裡來來回回走了多
少趟，終於蓋好了牠的水壩。然而，午後的一場大雨，卻沖壞了波波辛苦蓋
好的水壩。

　　波波雖然很難過，可是牠並沒有放棄要蓋一個屬於自己的家的夢想，牠
鼓起勇氣，再接再勵，繼續在岸邊咬斷木頭，在岸邊、水裡來來回回走了很
多趟，終於，波波又蓋好了牠的水壩。

　　可是過了兩天，水壩又因為被湖水滲透而崩塌。湖裡的小烏龜圓圓、湖
邊的白鷺鷥巧巧，給了波波很多意見，也提供波波很多方法，波波也都嘗試
過，可是，波波的水壩卻一直因為湖水滲透或是大雨，蓋好沒幾天後又被沖

【練習 10-2-2】（續）

壞了。

　　波波雖然經歷那麼多次的失敗，可是牠一點都不氣餒，牠決心一定要蓋出一座不怕被湖水滲透或大雨沖壞的堅固水壩。於是波波在找木頭時，會先仔細挑選又直又堅固的木頭，也請牠的朋友小烏龜圓圓幫忙仔細觀察水壩湖水滲透的地方，請白鷺鷥巧巧飛到空中觀察湖水流動的方向。終於，波波在經過了好幾次的失敗後，蓋好了一座不怕湖水滲透或大雨沖壞的堅固水壩，從此波波可以跟小烏龜圓圓、白鷺鷥巧巧一起快樂的在湖上生活了。

問題討論：

第一部分問題討論：

1. 為什麼波波一直蓋不好牠自己的家？

2.當大雨或湖水把波波好不容易蓋好的家沖壞時，波波做了什麼？

3.波波最後為什麼可以成功的把自己的家蓋起來？

第二部分問題討論：

1. 我在學習＿＿＿＿＿＿＿＿的時候，一直都做不好。

2.當我一直做不好時，我會怎麼樣？

3.我覺得波波有哪些地方值得我學習？

4.當我遇到挫折時，我會怎麼去解決它？

策略 10-2-3　從遊戲中建立挑戰困難的動機與態度

　　小琪經過幾次失敗後，產生退縮的行為，不敢面對較難的問題挑戰。老師可以設計一些類似闖關遊戲，讓學生一項一項的逐步練習，每過一關就給予獎勵與肯定，越後面的關卡越困難，但是獎勵也越大，利用獎勵來誘發學生願意去挑戰自己的極限。這樣的設計與策略 10-2-2 不同，因為發現每一件事都有可能遇到困難，和勇於面對高難度的挑戰基本上是有差異存在的。透過遊戲活動培養孩子面對挑戰是較容易達成的目標，這要比直接要求孩子挑戰高難度的數學較為可行。但要注意的是，我們給孩子的問題最好比他原先會的題目稍難一點即可，若是遠超過他能力所及時，會讓孩子覺得太困難而不願意去試；但是如果題目太簡單，孩子一樣會覺得無趣，沒有動機。也就是說，太容易與太難的題目會影響孩子學習動機，因此要依照孩子的實際情況給予不同難度的題目來練習，等到該難度的題目熟練後再進入下一階段的練習。

問題分析 10-3：成敗歸因於能力而放棄學習

　　小琪在自信心不足、自我效能感低，以及一再挫敗的經驗下，並不認為自己是可以成功的，於是當老師要小琪好好做練習題或回答問題時，小琪根本不願努力去嘗試，她選擇乾脆放棄，表示小琪認為先天能力就已經不如他人，所以努力也是徒勞無功。

策略 10-3-1　從實例中發現努力和成敗間的關係

　　為幫助學生了解成功與否和努力有很大的關係，老師可以利用類似練習 10-2-2 中〈波波要蓋自己的家〉的故事跟學生討論，引導學生了解：遇到困難不要怕，只要不斷的努力，就可以成功；反之，如果不願意去努力，就不會成功。老師也可以讓孩子以生活中的人事物來進行討論，例如：乙武洋匡、楊恩典或劉俠等人的事蹟，發現生活中某些人很認真、努力、樂觀的做自己本份內的事，一樣可以獲得成功。

策略 10-3-2　透過故事發現能力與努力對問題解決的影響

　　對於小琪可能把成敗歸因為本身能力問題，老師可以舉學生耳熟能詳的〈龜兔賽跑〉的故事，讓學生明白：只要努力不放棄，還是有成功的一天；相對而言，不管天生能力好不好，只要不努力或是努力不夠，最後還是會失敗的。

【練習 10-3-2】能力與努力對成敗的影響

說明：請老師或家長先和孩子一起分享〈龜兔賽跑〉的故事，再根據故事內
容與小朋友討論以下的問題：

1. 以先天條件來說，烏龜和兔子比賽賽跑，應該是誰會贏？

2. 在〈龜兔賽跑〉的故事中，烏龜做了什麼？兔子又做了什麼？

3. 在〈龜兔賽跑〉的故事中，為什麼兔子跑得很快，結果卻輸了比賽？烏龜
   爬得很慢，最後卻贏了兔子？

4. 你覺得烏龜會成功是因為天生能力還是因為努力的關係？兔子會失敗又是
   因為天生能力還是因為不努力的關係？

5. 如果想得到好成績，你覺得是天生能力還是努力比較重要？

策略 10-3-3　從體驗活動中省思努力和成敗間的關係

　　老師或家長可以利用以下練習活動，讓孩子體驗到努力與成敗間的關係（搭配練習 10-3-3）。

【練習 10-3-3】努力和成敗的關係

說明：請學生用慣用手寫十個字，計算第一次測驗所花的時間；再請學生用非慣用手寫十個字，同樣計算第二次測驗所花的時間。然後給學生十分鐘的時間練習用非慣用手寫字，十分鐘之後再請學生用非慣用手寫十個字，計算第三次測驗所花的時間，並將第三次測驗的時間減去第二次測驗的時間，看看每個學生進步的時間。

　　從這個活動中引導學生思考：

1. 活動中你感覺到什麼？

2. 第一次用慣用手寫字是什麼感覺？

3. 第二次用非慣用手寫字是什麼感覺？

4. 練習之後再用非慣用手寫字又是什麼感覺？

5. 為什麼會有這樣的差別呢？

6. 我們平時做哪些事情也需要常練習才會進步呢？

問題分析 10-4：先入為主觀念形成自我應驗預言

　　小琪因為在這學期學數學時有很多的失敗經驗，造成自我效能感低落，對自己缺乏自信心，於是在接下來的學習中，就預先認定自己一定做不到，因此不願意努力去嘗試。也正因為小琪沒有下功夫認真去做，所以寫出來的答案當然是錯的，於是，小琪更加肯定自己就是做不到，而且認為自己不管怎樣努力都不可能做到。其實，小琪的想法是種自我應驗預言的效應，她先入為主的認為自己會失敗，結果如她原先所預言的，真的失敗了。然而，小琪之所以會失敗，主要是因為小琪先否定自己成功的可能性，接著認為既然不可能成功，再怎麼做都沒有用，所以根本連試都不願意試，結果小琪在沒有努力嘗試之下，當然就失敗了。

策略 10-4-1　與學生討論自我應驗預言的效應

　　老師可以跟學生討論自我應驗預言效應，讓學生體會所謂的「預言應驗」是如何產生的（參見練習 10-4-1）。

【練習 10-4-1】認識自我應驗預言

說明：請老師或家長把故事講給學生聽，再跟學生進行以下的討論。

王老師的預言

王老師被派到一所學校教學，他要負責教甲、乙兩個班級。王老師對這個學校及這兩個班級的學生狀況完全不清楚，可是，他聽別人說：「甲班的程度很好，乙班的程度很差。」於是，王老師在教甲班時，會問學生很多問題，讓學生思考、討論，如果學生答不出來，他會給學生提示，鼓勵學生繼續思考，引導他們找到答案為止。當學生答對時，他也會鼓勵學生挑戰更難的問題。

可是，王老師在教乙班時完全就不一樣了，他教的內容就比較簡單，也很少向學生提出問題，偶爾他也會向學生提出問題，可是當學生答不出來時，王老師就直接把答案告訴學生，沒有讓學生有多一點時間思考。經過一學期，考試成績發下來，甲班學生的成績明顯的比乙班學生的成績高出許多，王老師於是告訴其他老師：「我還沒教這兩個班之前，就知道甲班的成績一定會比乙班的成績好，結果真的如我所料。」

其他老師聽到以後都很驚訝，因為過去以來，甲班和乙班學生的成績都差不多，很多時候乙班學生的成績甚至比甲班學生的成績還來得好。

問題討論：

1. 你覺得到底是甲班還是乙班的程度較好？
2. 請你說說看，王老師在教甲、乙兩班時有沒有用不一樣的方法？
3. 為什麼王老師會在教甲、乙兩班時用不一樣的方法？
4. 你認為是什麼原因造成甲、乙兩班的成績最後不一樣？
5. 請你說說看，為什麼甲、乙兩班的成績最後如王老師所預期的一樣？是不是王老師真的有預知學生成績的特異功能？還是有其他原因？

策略 10-4-2　練習正向的自我應驗預言

　　老師可以利用報章雜誌中的一些生活實例來說明，其實很多的預言之所以會應驗都是自我預設立場所造成的（參見練習 10-4-2.1）。同時也與學生討論，既然自我應驗預言會影響我們的學習態度，我們要如何破除不好的自我應驗預言進而建立正向的自我應驗預言呢（參見練習 10-4-2.2）？

【練習 10-4-2.1】自我應驗預言的破除

說明：請老師或家長把故事講給學生聽，再跟學生進行以下的討論。

貝比魯斯魔咒

　　棒球在美國是項歷史悠久的運動，它也創造了很多的棒球明星，貝比魯斯就是其中的一位。紅襪隊在一九一〇年代是美國職業棒球的常勝軍，甚至多次拿到世界大賽冠軍，貝比魯斯則是紅襪隊中最受歡迎的球員。可是，在一九二〇年，紅襪隊的老闆因為需要一大筆錢，不得已，只好把貝比魯斯賣給了洋基隊。自從紅襪隊少了貝比魯斯之後，便不曾贏得世界大賽，甚至，連進入冠軍賽的資格都拿不到。許多球迷認為這是貝比魯斯對紅襪隊老闆把他賣掉一事感到氣憤，於是對紅襪隊下了咒語，讓紅襪隊從此得不到世界大賽冠軍。自貝比魯斯離隊後，每年只要紅襪隊輸球，大家就更堅信「貝比魯斯魔咒」是真正存在的。二〇〇四年，紅襪隊與當年買下貝比魯斯的洋基隊爭取世界大賽的資格。比賽採七戰四勝制，一開始，紅襪隊連輸洋基隊三場，大家都認為「貝比魯斯魔咒」又將再一次的驗證，可是接下來的比賽，紅襪隊竟然連贏洋基隊四場。這種先連輸三場後又連贏四場的大逆轉，不但創造了美國棒球史上的新紀錄，更讓紅襪隊打進了世界大賽。在接下來的世界大賽中，紅襪隊又連勝了對手四場，贏得世界大賽冠軍，也終於破除了延續八十六年的「貝比魯斯魔咒」。

問題討論：

1. 貝比魯斯是不是真的對紅襪隊下了魔咒？
2. 每當紅襪隊輸球時，大家就認為是因為「貝比魯斯魔咒」的關係，你覺得呢？
3. 在二〇〇四年的比賽中，紅襪隊先輸了三場球，後來又贏了四場球，擊敗洋基隊，最後還拿到世界大賽的冠軍。你認為這是因為「貝比魯斯魔咒」失靈了嗎？還是有其他的原因？
4. 你覺得最後是誰破解了「貝比魯斯魔咒」？
5. 如果是你在比賽中連輸了三場，你會怎麼想？怎麼做？

【練習 10-4-2.2】正向的自我應驗預言

說明：老師或家長可以和孩子玩小魔法師的遊戲，請孩子想一件好的事情，
　　　或設定一個要達成的目標，並常常將它大聲的唸出來，對自己說：「我
　　　一定可以達成的！」經過一段長時間的練習，感受自己是否變成較為
　　　放鬆或較為快樂，以及原先設定的目標是否變得不那麼困難了呢？

1. 我想要做到的事：＿＿＿＿＿＿＿＿＿＿＿＿＿＿＿＿＿＿＿＿＿

2. 告訴自己：「我一定可以做到！」

3. 經過練習後，我覺得要完成這件事是不是沒有那麼困難了呢？

策略 10-4-3　運用活動化解孩子先入為主的想法

　　老師可進行探索活動，從活動中幫助孩子發現自己原先的想法可能有誤（搭配練習 10-4-3）。

【練習 10-4-3】先入為主想法的影響

說明：請老師按照以下活動流程進行：

1. 老師拿一個軟球，請全部的學生摸過一遍後再傳回給老師。
2. 老師請學生估計要花多少時間才能完成這個活動？
3. 進行活動後計算所花的時間，並和原先估計的時間進行比較。
4. 討論：原先估計的時間為什麼準確或不準確？有什麼方法能讓傳球的速度更快？
5. 進行第二次活動，規則與之前相同。
6. 討論：這次的活動比第一次快或慢？是什麼原因造成的？
7. 老師請問學生有沒有可能在三秒鐘之內傳完？為什麼可能或為什麼不可能？
8. 老師請同學再討論看看有什麼好方法嗎？
9. 進行第三次活動，規則與之前相同（當同學靠近一點，每個人都聚在一起並伸出手來摸球時，球有可能在三秒鐘之內傳回給老師）。
10. 討論：為什麼我們認為不可能的事情，最後卻能達成任務？
11. 結語：許多事情是因為我們還小，沒有經歷過，也沒有思考過，所以不知道有許多方法可以解決我們的困擾。以後如果遇到問題，可以怎麼解決困難呢？

問題分析 10-5：逃避失敗以免同學嘲笑譏諷

　　小琪答錯時，全班哄堂大笑，長期下來，造成小琪更不願意思考問題，不思考就不會答錯，不會答錯就不會被笑。對小琪來說，這是一種逃避失敗的好辦法。

　　對於小琪逃避失敗心態可採用的策略，請參閱低年級版單元九，第 242 頁。由於小琪答錯時會被其他同學嘲笑，在此針對同學關係提出以下策略。

策略 10-5-1　運用合作學習賦予小組成員互相學習的任務

　　老師可以在班級中進行小組合作的活動，並且分配給每個小組成員不同的任務，讓各小組在進行活動時感受到每個小組成員的重要性。在分配任務時，老師也應特別留意每個孩子的優勢及弱勢能力，盡量給予每個孩子發揮其優勢的機會與空間。

問題分析 10-6：人際互動欠佳影響班級氣氛

　　小琪不會主動找同學玩，同學也不會主動邀請小琪參與活動，或是主動關心小琪的功課，小琪和其他同學都缺乏人際互動的技巧。

策略 10-6-1　進行體驗活動培養同學團隊合作的精神

　　老師可以安排一些體驗活動（如練習 10-6-1.1 及 10-6-1.2）來增進同學間的合作與互動，以及增進彼此的共識與情感交流。

【練習 10-6-1.1】環環相扣

說明：請老師按照以下內容及方式進行：

1. 活動人數：每組約 8 至 10 人

2. 活動地點：室內外空地皆宜

3. 活動器材：呼啦圈數個、童軍繩圈數條（視組數而定）

4. 活動時間：約 35 分鐘

5. 活動流程：

   (1)領導者請各組組員手牽手，各自圍成一個圓圈。

   (2)領導者將呼啦圈放入每一組兩位手牽手的組員中，並告知每一組組員：
      團體的目標是大家如何在最短的時間內，讓呼啦圈穿過所有人的身體再
      回到原位。

   (3)領導者在各組大喊三聲加油（GO）後，隨即吹哨開始計時。

   (4)當呼啦圈回到起點時，領導者立即告訴該組組員他們完成的時間。

   (5)領導者請各組進行兩分鐘討論（如何更快速的完成），隨即進行第二次
      的挑戰（程序如前述）。

   (6)完成第二次挑戰後，領導者讓各組討論比較前後兩次該組組員表現的差
      異，並決定下一個挑戰大家要如何配合，共同完成任務。

   (7)領導者再請各組組員手牽手，圍成一個圓圈，並告知每組成員接著要挑
      戰繩圈，程序如呼啦圈，讓繩圈傳送穿過每一個人。

   (8)各組完成繩圈的第一次挑戰後，讓各組討論兩分鐘（如何更迅速的完
      成），接著進行第二次挑戰。

   (9)繩圈第二次挑戰結束後，回到大團體進行分享討論。

6. 活動規則：

   (1)各組成員在進行活動時，不可將手放開或用手指頭勾住呼啦圈或繩圈，
      否則須重新開始。

   (2)進行呼啦圈或繩圈環繞時，由各組自行決定順時針或逆時針傳遞。

   (3)活動進行時，團體組員可用口語相互溝通。

【練習 10-6-1.1】（續）

問題討論：

1. 在呼啦圈和繩圈的穿越活動中，你覺得哪一個難度較高？為什麼？

2. 你覺得在活動中，自己的動作反應如何？和大家共同完成挑戰時，你有哪些感覺呢？

3. 活動中你做了些什麼來幫助小組更快的完成任務呢？

4. 在活動進行中，你發現組員中哪一位表現得最好？他有什麼值得你學習的地方呢？

5. 生活中你覺得和別人愉快的合作需要注意哪些事情？

延伸思考：（若學生能力所及，可拋問延伸性的思考問題）

1. 在團體中，你發現別人有哪些優於你的地方？你會怎麼向他看齊呢？

2. 在學校裡，當你考試考不好時，你會如何檢討上一次考試考不好的原因呢？

【練習 10-6-1.2】孤島不孤

說明：請老師按照以下內容及方式進行：

1. 活動人數：每組約 12 至 18 人

2. 活動地點：室內外空地皆可

3. 活動器材：

　(1)童軍繩每人一條約 80 公分，另需 2 公尺的童軍繩每組三條。

　(2)哨子一個。

4. 活動時間：約 35 分鐘

5. 活動流程：

　(1)領導者引導每組組員圍成一個圓圈，手上各拿一條 80 公分長的童軍繩。

　(2)領導者請每位組員將自己手中的繩子打結，使繩子的周長最長（可教其打平結或八字結，以連接繩子的兩端，做好後放在地上，變成一座小島，如圖示 a 繩子）。

　(3)領導者請每人站在自己所創造的小島上，並同時注意聽哨聲，發出「嗶」一聲時，每人需離開自己的小島漂流至其他小島。

　(4)等所有人皆站定位，吹第二次哨音時，同時收掉一條童軍繩，如此依次減少繩子的數量，約至第五次完成時，將所有繩子收回並換上 2 公尺的繩子共三條，令組員連結其兩端，放置於地面（如圖示 b 繩子），並選擇自己喜歡的島嶼站立其中（每個島嶼最多站六個人）。

　(5)領導者吹起哨音時，所有人皆需移至其他的島嶼，等站定位後，再度吹哨音並同時收掉一條繩子，剩下兩條繩子（兩座小島）。

　(6)最後一次吹哨音的同時再收掉一條繩子，此時只剩一條 2 公尺長的繩子圍成的小島，所有組員需完全在其中，腳不可站在線外，且需全組唱完一首歌曲（在吹哨前先討論要唱哪一首歌），才算完成「孤島不孤」的任務，若有人腳踏出線外，需重新來過。

6. 活動規則：

　(1)每人的腳需站立在線內，不可壓線，繩子可盡量展開。

【練習 10-6-1.2】（續）

(2)教師吹哨音後，必須移動至另一條繩子內，若有人站在原來自己的小島上，需和其他人互換位置。

(3)在最後一次，所有人需完全在一個孤島上時，此時並不要求每個人的腳皆需著地，亦可向上發展，端視團體組員討論的結果。

◎圖示：

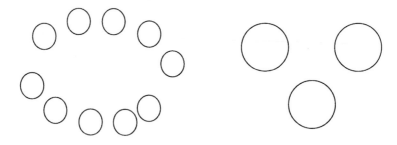

a 繩子（80cm）　　　　　　　　　　　　　b 繩子（2m）

問題討論：

1. 在活動中，當我獨自一人或與別人站在同一個島上時，各有什麼不同的感覺？

2. 當我和其他成員共同合作站在同一個小島時，我可以做哪些事來幫大家的忙？

3. 我認為在團隊中，我有哪些可以貢獻的地方？

4. 在學校當我感到孤獨時，我會做哪些事情來排除這種孤獨感呢？

5. 生活中誰最重視你？這讓你有什麼樣的感覺？而當你的意見或想法沒有受到他人重視時，你會有什麼感覺？你又會做些什麼來改變呢？

【練習 10-6-1.2】（續）

延伸思考：（若學生能力所及，可拋問延伸性的思考問題）

1. 在團體中，什麼情況會增進大家的合作，而在什麼情況下會阻礙大家的合作？

2. 在學校裡，什麼時候需要大家同心協力完成任務？此時你在團體中會如何與大家合作？

策略 10-6-2　經由實踐活動養成主動關懷他人的情操

　　通常體驗活動後，學生也許會說出要主動關心他人，但是卻缺乏行動力。教師可以透過討論，讓各組自行思考哪些人需要我們的關懷？我們可以如何做對別人有幫助的事？經過一段時間的實踐後，教師再和同學討論，在實踐的過程中，有哪些令人高興的事？有哪些問題需要協助？我們除了靠自己的力量幫助別人外，是否還有其他的資源可以運用？接下來如何改進會對別人更有幫助？

問題分析 10-7：單親家庭，社會資源不足

　　小琪是單親家庭，相依為命的母親忙於賺錢養家，小琪也沒有兄弟姊妹的幫助，所以欠缺社會支援。小琪的媽媽沒有多餘的金錢能安排小琪接受課業輔導，也不知道如何尋求支援，所以在缺乏人力與金錢的支援下，小琪的問題日漸惡化。

策略 10-7-1　利用學校資源班或是課後輔導班的協助

　　學校有針對學習方面需要幫助的孩子設立資源班，在學習上若有跟不上或特別需要加強練習的科目，都可以透過導師與資源班老師提出需求，資源班老師會在不影響老師上課時間，例如：早自修，針對小琪的個別需求進行教學輔導。另外，學校也在放學後有課後活動課，學校也會為家中清寒或者是弱勢家庭提供免費的課後輔導，小琪媽媽亦可以透過導師向學校提出申請，讓小琪可於課後留在學校，由課後老師協助完成作業。

策略 10-7-2　運用大學服務性社團協助課業的學習

　　目前許多大專院校都設置有服務課程，但是學校並沒有善用這些課程讓大學生從服務中獲得學習，而是由教官安排一些工作，讓大學生進行勞動服務，這樣完全失去服務學生的意義。如果中小學教師能與社區的大專院校合作，由中小學提出各項需求，再由大專院校的學生進行認領，選擇他們感興趣的工作進行服務，不僅能讓大專院校的學生從服務中體驗生命的意義，也能適時幫助像小琪這樣的孩子，一舉兩得。

策略 10-7-3　透過學校義工或社區資源參與各項活動

　　小琪從小沒有機會參與各種活動，生活經驗不足。教師可以和小琪的媽媽溝通討論後，運用學校義工家長或退休教師這類寶貴的資源，安排小琪參與一些社區活動，增進小琪的生活經驗，擴展小琪的視野，鼓勵小琪發展個人的專長與興趣。

個案二：小凱

　　小凱在家中是老么，上有一個哥哥、一個姊姊。哥哥姊姊在學校一直是風雲人物，成績總是名列前茅，經常代表班級和學校參加各種競賽，往往都得到很好的成績。小凱在學校的表現則跟哥哥姊姊完全不同，他在班上的成績平平，雖然不至於很差，但是代表班上比賽的事從來沒有輪到他。

　　上了四年級後，小凱的學習態度越來越差，老師交代的作業，他不是忘了寫，就是隨便應付，雖然他在數學課中，老師講的他都可以理解，但是不喜歡做練習題，每次做數學練習題時，他都來不及寫完，所以更不喜歡寫數學練習題。在國語作業上，小凱寫的生字錯誤百出，對於課文也不夠熟悉。老師於是要小凱把寫錯的字各抄寫十次，再把課文從頭到尾抄寫一遍。可是小凱並沒有認真好好寫，生字和課文抄寫得歪七扭八，還有好多錯誤，於是老師要小凱下課留下來重寫，並且告訴小凱，寫完後要考試。結果老師發現小凱在寫生字時，是把每個生字分開來寫十遍，譬如「喧」字，他先把口字邊全部寫完，再寫十個「、」，接著是十個「宀」，又再依序寫了十個「一」、十個「日」、十個「一」。經過考試，老師發現小凱並沒有因為抄寫課文而增加對課文的了解，成績也沒有進步。

　　另外，老師發現考試的時候，小凱只要一寫完就趴下來睡覺。老師要求同學寫完後一定要再檢查一遍，可是小凱每次都不願意檢查，結果考卷發回來時，老師發現小凱其實有好多地方都是粗心大意才被扣分。老師告訴小凱，如果寫完後好好檢查的話，應該可以多得到幾分，可是小凱卻跟老師說：「多那幾分又怎麼樣，反正也沒什麼差別。」

　　老師到小凱家做家庭訪問，得知小凱的父母親其實對家中三個小孩的學業都很關心，他們對於小凱的哥哥和姊姊的表現十分自豪，

但是談到小凱，父母親則是搖頭嘆氣。因為小凱的父母工作繁忙，沒有空陪他做功課，他們經常叮嚀小凱加強練習，可是小凱都無法達到父母的要求。父母最常對小凱說的話就是：「哥哥姊姊都可以考到一百分，為什麼你就不行？」小凱的父母覺得，小凱和他的哥哥姊姊一樣聰明，但是就不肯聽話好好唸書，個性懶散，所以要求老師應該給小凱更多的作業，他們也會給小凱安排家教，好好補救。

綜合問題診斷

➡ 父母親對小凱有很高的期望，並常將他與哥哥姊姊比較，然而小凱的表現卻無法達到父母的要求，因此經常受到父母親的責罵，造成小凱失去學習的興趣。

➡ 小凱不喜歡做數學練習題，每次做數學題時就很痛苦，要花許多時間來想如何計算，這是因為小凱的基本技能尚未自動化，造成認知負荷過重，影響學習的動機。

➡ 小凱對於老師交代的作業，不是忘了寫，就是隨便寫寫。老師於是要小凱抄寫，但是小凱在抄寫生字時是把字分開來寫，顯示他對老師這樣的要求是採取敷衍的態度，並沒有認真去思考及執行，因此老師的作業安排及處罰方式對小凱的學習並無太大幫助。

➡ 老師及家長認為小凱學不好是因為個性懶散，所以希望老師可以給小凱作業，事實上，小凱並沒有因為多練習而學得比較好，這是因為家長和老師沒有發現小凱真正的心理困擾是什麼。

➡ 小凱父母一直希望小凱可以像哥哥姊姊一樣考試一百分，可是小凱認為即使多拿幾分也沒什麼差別，表示小凱對自我的期許並不高，沒有適當的成就動機。這顯示小凱與父母師長的價值觀不盡相同。

➡ 小凱的父母工作繁忙，無暇照顧小凱做功課，每次叮嚀小凱要做哪些事，小凱都做不到，父母很想幫助小凱，但是不知如何做才好。

父母不知如何
才能幫助小凱

成績未達父母期望
學習興趣低落

小凱價值觀
與父母不同

基本技能未自動化
認知負荷過重

父母師長不知
小凱心理困擾

作業及處理方式
無法改善學習

不聽話的小凱？

問題分析 10-8：
與父母期望有落差導致學習興趣低落

　　小凱的哥哥姊姊在學校表現優異，父母親常將小凱與哥哥姊姊做比較，但是因為小凱的成績一直達不到父母親的要求，經常遭受責罵，久而久之對於學習失去興趣，不願意好好努力學習，交代他的作業不是忘了寫，就是隨便寫寫，錯誤百出，考試時也不願意多花時間檢查。由於小凱的學習態度不好，導致他的成績不佳，因為成績不佳而又再遭受責罵或處罰，如此惡性循環的結果，讓小凱的學習興趣更加低落。

策略 10-8-1　協助家長建立對孩子期望的正確觀念

　　從神經心理學的觀點看孩子的成長，發現「基優」不等於「資優」。一個基因遺傳不錯的孩子，不一定會學習得很好，成為一個資優生，因為孩子的特性與想法影響一個人的表現。若是希望孩子有好的學習行為，從小就必須提供孩子接觸生活中各式各類的活動，引發孩子對事物具有好奇探索的心。當然現代父母幾乎都是雙薪家庭，工作時間過長，能陪孩子的時間有限，這是可以理解的。但是當孩子開始學習後遇到學習困擾時，身為父母的也許需要稍做調整，將工作時間與照顧孩子同時考量，必要時得加以取捨。

　　在教養孩子的過程中，父母如能養成隨時做記錄的習慣，從紀錄中分析孩子的成長情形，並看到孩子優勢與劣勢的能力表現時，就比較能接受孩子的特質，思考如何協助孩子，讓孩子在自己的軌道中順利的運行。

　　事實上，家長也可以自省自己目前的職業與當初父母期望自己從事的職業是否相符。根據調查，大多數的家長目前的職業與當初

父母的期望並不相符。如果連家長自己都做不到，為什麼又去要求
孩子應符合自己的期望呢？

【練習 10-8-1】家長建立對孩子期望的正確觀念

說明：請老師對家長說明問題後，提出下列問題供家長思考：

1. 我可以透過什麼樣的方式來了解我的孩子？

2. 我的孩子喜歡做些什麼？不喜歡做些什麼？

3. 我對孩子的期望是什麼？這樣的期望與他的優勢能力是否符合？

4. 我的孩子未來想做什麼？他的想法與我對他的期望是否吻合？

※如果家長對孩子的期望與孩子的想法不同時，請找個機會彼此說說自
　己的期望或想法，有這樣想法的理由為何？

※在溝通過程中，家長並應幫助孩子了解社會環境的趨勢及各行各業所
　需的才能，並幫助孩子了解自己的人格特質及優勢能力，再來共同討
　論孩子適合的發展。

策略 10-8-2　父母學習與子女說話的技巧

　　身為父母，必須不斷的學習如何與子女互動。有位家長一肚子委屈的說：「老師要我們家長多關心孩子，要找機會和孩子說話。孩子一回家，我就會和孩子說說話，我問孩子近來好嗎？在學校有沒有和同學吵架？今天數學考幾分？需不需要去補習？結果孩子把房門一甩不跟我說話。」的確，這位媽媽很關心孩子，但是孩子感受到的不是關心而是壓力。到底應該如何跟孩子說話，這可是需要練習的喔！

　　在話題方面：可以講個網路笑話、聊聊今天的時事、問問今天在學校學到了什麼有趣的事等等。

　　在情境方面：可以一起逛逛街、一起看電影、一起遊動物園等等。

　　在態度方面：真誠的關心會讓孩子有所感動，當父母太累時，也應據實以告讓孩子有所了解。

【練習 10-8-2】父母檢視自己與子女說話的方式是否需要改進？

說明：請老師對家長說明後，提出下列問題供家長思考：

1. 孩子回家時，我都跟他說些什麼？孩子的反應如何？

2. 我的孩子是否會把在學校學習的狀況告訴我？

3. 我知道我的孩子有哪些好朋友嗎？孩子會把他跟同學和朋友的事告訴我嗎？

4. 我平日都會安排哪些親子活動？孩子對於我安排活動的反應及參與度如何？

※如果家長發現在回答以上問題時得到較多負面的答案時，表示家長必須要改進自己與子女說話的方式，可參考上述策略部分所建議的方式進行。

策略 10-8-3　積極鼓勵取代消極責罵和懲罰

對小凱而言，學習結果不良就已經形成一種挫折感，老師及家長又以責罵或懲罰來處理小凱的問題，這樣只會讓小凱對學習更加產生厭惡感。因此，與其採用消極的責罰，不如利用積極的鼓勵方式，譬如給予適當的關懷，幫助小凱重新建立學習的興趣。

有一位資深教師說，孩子會聽從他信賴的人的教導，即使是過動兒也一樣。有位過動兒時常讓同學受不了，老師每天一早來學校，就會主動關心他，和他聊天說話，教他功課，所以當他把地面弄得濕答答時，老師說：「這樣同學會滑倒喔！」孩子說：「他們滑倒關我什麼事？」老師說：「那老師走過時也會滑倒耶！這樣明天老師就不能來學校陪你囉！」孩子一聽說：「對噢！老師受傷就不能來陪我了，我趕快把地擦乾。」小凱不是過動兒，只要多關心小凱的想法，透過適當的引導，就可以慢慢培養出小凱對學習的興趣。

【練習 10-8-3】積極鼓勵孩子的優點

說明：請老師對家長說明後，請家長進行以下事情：

1. 找出及記錄孩子在家表現優良的地方（如：幫媽媽收碗筷、要他去做功課沒有拖拖拉拉等。）

2. 記錄自己對孩子優良表現的反應（如：認為理所當然，所以沒有反應；或是有讚美他等。）

3. 我覺得可以做些什麼來鼓勵孩子繼續有這些優良的表現？

4. 當我鼓勵孩子時，孩子有什麼樣的反應？

5. 孩子被我鼓勵之後，是否持續這些優良的表現？

※如果孩子並未因為家長的鼓勵而出現持續性的良好行為，家長必須思考是否需要改變鼓勵的方式。

策略 10-8-4　運用負增強原理增強良好的學習行為

　　孩子不良的行為需要被糾正，這時家長及老師可利用適度的方法來達到增強良好學習行為的目標，但是在做法上與處罰是不同的。首先，老師或家長要以關心孩子為基礎，平時多關心孩子，讓孩子對你產生信賴感，當孩子犯錯時，師長必須很清楚的讓孩子知道自己哪裡做錯了，並和孩子討論如何改進。當孩子沒有自我調整的意願時，師長可要求孩子必須達到一定的目標，才能去做他喜歡做的活動。譬如：學生喜歡下課到操場玩，但是如果作業沒寫完或是訂正沒做完，下課就不可以去操場玩。這種方式叫作「負增強原理」，也就是剝奪孩子喜歡的事情，等到該做的事做好了才能恢復做他喜歡的事。

策略 10-8-5　以自我比較方式取代與他人比較

　　每個人都是不一樣的獨立個體，各有各的特性與長處。老師及家長不宜為了激勵學生，一再將學生與他人做比較。老師及家長可以讓學生進行自我比較，只要學生這次比上次進步就給予鼓勵與肯定，以建立學生對自己的信心。所以老師及家長要能了解孩子的長處，並製造各種學習的機會，讓孩子在優勢能力上能更加精進，這樣孩子就自然而然的建立了信心，有了信心之後就會思考如何讓自己更進步。和孩子討論進步的情形也是一個重要的方法，因為孩子看不到自己哪裡進步了，必須透過師長和父母的引導，從作品中發現自己成長的地方，也就能建立起自信。

【練習 10-8-4】運用負增強原理增強良好的學習行為

說明：請老師對家長說明後，請家長進行以下的事情：

1. 檢視在家中有哪些情境或狀況可以運用負增強的原理？

2. 選定一個情境來對孩子進行負增強。

3. 評估執行的效果如何？

※如果效果不彰，請與老師討論要如何進行才能達到最佳的效果？

【練習 10-8-5】引導學生進行自我比較

說明：請老師在學生完成作業後，要學生回答以下的問題：

1. 我覺得這個作業我做得最好的地方是：＿＿＿＿＿＿＿＿＿＿＿＿

＿＿＿＿＿＿＿＿＿＿＿＿＿＿＿＿＿＿＿＿＿＿＿＿＿＿＿＿＿＿＿

＿＿＿＿＿＿＿＿＿＿＿＿＿＿＿＿＿＿＿＿＿＿＿＿＿＿＿＿＿＿＿

＿＿＿＿＿＿＿＿＿＿＿＿＿＿＿＿＿＿＿＿＿＿＿＿＿＿＿＿＿＿＿

2. 我覺得這個作業我做得比以前好的地方是：＿＿＿＿＿＿＿＿＿＿

＿＿＿＿＿＿＿＿＿＿＿＿＿＿＿＿＿＿＿＿＿＿＿＿＿＿＿＿＿＿＿

＿＿＿＿＿＿＿＿＿＿＿＿＿＿＿＿＿＿＿＿＿＿＿＿＿＿＿＿＿＿＿

＿＿＿＿＿＿＿＿＿＿＿＿＿＿＿＿＿＿＿＿＿＿＿＿＿＿＿＿＿＿＿

3. 我覺得我以後可以做得更好的地方是：＿＿＿＿＿＿＿＿＿＿＿＿

＿＿＿＿＿＿＿＿＿＿＿＿＿＿＿＿＿＿＿＿＿＿＿＿＿＿＿＿＿＿＿

＿＿＿＿＿＿＿＿＿＿＿＿＿＿＿＿＿＿＿＿＿＿＿＿＿＿＿＿＿＿＿

＿＿＿＿＿＿＿＿＿＿＿＿＿＿＿＿＿＿＿＿＿＿＿＿＿＿＿＿＿＿＿

問題分析 10-9：自動化技能不足造成認知負荷大

　　小凱不喜歡做數學練習題，每次做數學練習題時就很痛苦，要花許多時間來想如何計算，這是因為小凱的基本技能尚未自動化，造成認知負荷過重，影響學習的動機。

策略 10-9-1　以分散練習的方式加強學習動機

　　小凱上課可以聽懂老師教的內容，但是寫練習題時卻十分痛苦。這有可能是計算不夠熟練，因此做題目時需要花許多的時間在基本運算上。曾經聽過一位老師說：「數學只要理解就可以了，不需要做很多的練習。」這樣的說法好像也對，因為數學不需要死背。但是這樣的說法是否適合小朋友的數學學習呢？答案是否定的。當數學學習到了某個水準之後，的確不太需要死背公式，而需要較多邏輯思考的能力。但是對國小中年級的小朋友而言，基本運算能力如果不能熟練，他在邏輯思考能力方面又還沒有成熟，所以做一道題目就要花許多的心力來做，自然讓某些孩子產生抗拒的心理。所以基本計算能力還是要透過練習達到自動化的地步，以減少孩子進行解題時認知負荷過重的現象。當然練習要適度，一天做五十題和每天做十題的感覺是不一樣的。

策略 10-9-2　運用各類方法或活動協助熟練基本技能

　　除了分散練習外，老師也應在孩子有進步的情況下，給予正增強，例如當眾表揚孩子進步的情形，或是給予增強物。或是運用各種活動來幫助孩子熟練一些基本技能或是引發孩子對學習的興趣，例如：小凱喜歡下課到操場玩，如果老師正好教到時間的計算時，老師可以在教室裡掛上時鐘，請小凱在每節課下課前十分鐘時提醒老師，前五分鐘時再提醒一次，這樣不但可以增加小凱熟悉時間的計算，也可激發孩子對學習數學的興趣。

問題分析 10-10：
作業安排及處理方式未達預期輔導效果

　　小凱對於老師交代的作業，不是忘了寫，就是隨便寫寫。老師對小凱沒好好寫作業的處理方式則是要他抄寫，但是小凱在抄寫生字時是把字分開來寫，表示他對老師的要求仍是採取敷衍的態度，並沒有認真去思考及執行，這顯示老師的作業安排及處理方式對小凱的學習並無太大幫助。

策略 10-10-1　教師要能發現作業安排的目的與優缺點

　　教師每天會為孩子安排回家作業，長期下來，教師也忘了省思作業的意義與目的。以前在我們小的時候，老師怕孩子回家沒事做會到處亂跑，所以常常出許多作業給我們帶回家抄抄寫寫。但是時代不同了，科技越來越發達，多元智能的觀念越來越盛行，教師可以開始思考何種的作業對孩子比較有幫助？

　　以下僅提供數種意義與目的性不同的作業，作為教師們指定家庭作業時的參考：

- 以熟練基本能力為主的作業：新的生字詞或數學計算題可以由老師規定練習的方式，但是要注意分散練習的原則。舊的生字詞或數學計算題則由學生依自己的情況加以估計，需要練習幾次才不會忘記，這個決定權可以交由學生來做。

- 以激發創造思考為主的作業：教師可以將某些字詞提供給學生，讓學生運用這些字詞寫出一段話，為了避免孩子不會寫而請家長代勞，教師可允許學生不需要把字詞全部放進去，沒有放進去的字詞就寫在旁邊。數學計算題可以請同學們互相出題給別人做，讓孩子有命題的思考模式。

- 以發揮多元智能為主的作業：這類作業可以透過教師與學生的討論，共同決定如何進行自己喜歡的作業。這類作業主要是讓孩子能發現自己喜歡的事物，並透過自我的探索，搜尋相關的訊息，並獨立完成一份作業。所以全班學生可以獨立完成作業，也可以讓對某些主題有興趣的學生共同完成作業。這樣的作業可以容許以多元的方式來進行，不必強調全班統一進行某項作業。

- 以促進親子互動為主的作業：現在有許多作業是要孩子回家做，孩子不會做就由家長代勞，這是作業安排不當造成的結果，但卻常聽到老師們說：「這是親子活動。」其實只有特別為促進親子互動而設計的作業才能稱為親子活動。這類作業的特性是：親子共同討論後，透過一段時間的安排，最後在親子共同執行後所完成的作業，這個作業讓家長更了解自己的孩子，也讓孩子更認識自己的父母，從作業中增進親子間的關係，也完成了可留下永久記憶的作品。

【練習 10-10-1】找出作業安排的目的及評估成效

說明：請老師在作業安排前及完成後，分別思考以下的問題：

一、安排作業前：

1. 我希望透過這個作業可以幫助孩子：＿＿＿＿＿＿＿＿＿＿＿＿

   （如：熟練基本技能、激發創造思考或培養與同學互助合作的精神等）。

2. 我打算用什麼方式來進行這個作業？

二、作業完成後：

1. 孩子的作業成果是否達到我的預期？

2. 如果沒有，我覺得問題出在哪裡？

3. 以後在出類似作業時，我可以做些什麼樣的改變？

策略 10-10-2　讓孩子了解老師要求的目的

　　老師對於學習成果不佳的情況確實應該加以處理，但是，不當的處罰方式，不但無法達到預期目標，反而會適得其反。因此，老師必須先確定處罰的目的是什麼？此外，處罰的方式是否對學生有益也是需要注意的。老師應該要讓學生清楚知道如何正確的訂正錯誤才能對自己有所幫助。例如：老師可以告訴小凱，如果把字分開來寫，好像可以寫得比較快，可是這個字還是沒有學好，下次還是會寫錯，寫錯的時候又會被罰，這樣更浪費自己的時間，所以還是好好按照正確的方式把字寫好才是。

策略 10-10-3　讓孩子參與決定練習或處理的方式

　　如果只是單純的一直寫同樣的字會很容易讓學生感到無趣，這時老師可以設計一些不一樣的練習活動或題目，利用不同的活動或題目讓小凱同樣獲得練習的機會。此外，老師也可以嘗試和小凱討論，他可以自己決定寫幾遍，例如小凱決定只寫三次，如果他認真的發現自己錯在哪裡，用心寫三次就可以了。第二天老師再考小凱錯的地方，如果還是錯，就要由老師來決定寫幾次了。這樣的方式是鼓勵孩子為自己的決定負責，他可以少寫一些，但是必須弄清楚自己哪裡做錯了。

問題分析 10-11：父母師長不知小凱的心理困擾

　　老師及家長認為小凱學不好是因為個性懶散，所以希望老師可以給小凱作業，事實上，小凱並沒有因為多練習而學得比較好，這表示家長和老師沒有發現小凱真正的心理困擾是什麼。

　　但是小凱心裡真正的想法是什麼？可能連小凱自己都不知道，也許小凱知道卻不知如何表達，或認為別人不會認同自己的想法，所以乾脆就不說了。這樣的孩子很多，父母和師長要如何和孩子溝通呢？

策略 10-11-1　講述與討論故事情節以了解孩子的想法

　　當孩子不願主動把心中的想法說出來時，成人更要注意孩子的行為表現。由於中年級學生還可以透過課堂中繪本導讀或家中親子共讀的方式，在討論故事情節時，將孩子心中的想法引發出來。如何進行親子共讀，可透過《我可以學得更好（低年級版）》單元九加以了解，這裡就不再贅述。

策略 10-11-2　與孩子分享成人的心理困擾

　　其實孩子有時不知如何表達心中的困擾，所以成人可以示範將自己的困擾說出來，也請孩子一起來討論是否有較好的問題解決策略。這樣的做法不是要孩子幫我們解決問題，而是要引導孩子也懂得將心中的困擾提出來，大家一起來分享家人的喜怒哀樂。例如：老師可以將自己教導子女的困擾提出來，請問全班同學：「昨天和孩子生氣，叫孩子不要一直看電視，結果孩子就不吃飯了，你們說這該怎麼辦呢？」小朋友非常喜歡提供成人一些方法，有些小朋友會說：「你就不了解我們小孩的心理。」有些說：「不吃飯就不要管他，餓了自己就會找東西吃。」在討論的過程中，我們可以適時表達出成人對孩子的關心，讓孩子了解他的父母也有這樣的想法。

【練習 10-11-2】與孩子分享心情

說明：家長可以與孩子進行以下的活動：

1. 與孩子分享自己快樂或苦惱的心情。

　　例如：「媽媽今天在路上碰到以前學校的同學，好開心噢！」

　　　　　「爸爸今天上班時路上塞車，結果上班遲到，被老闆罵！」

2. 提出幾個情境，跟孩子一起討論該怎麼辦才好？

　　例如：「今天媽媽在路上碰到王媽媽，她說她的小孩每次出去都會吵著要買玩具，如果不買給他，他就大哭大鬧，不肯離去。王媽媽好煩惱，不知道該怎麼辦。你覺得王媽媽可以怎麼做？」

策略 10-11-3　父母留意子女間的言語互動情形

　　如果小孩的程度差異較大時，父母要特別留意成績較差的孩子，因為他在心中會出現不如別人的感覺，對於其他同胞手足所說的話會很敏感。如果小凱的兄姊回家分享在學校的豐功偉業時，父母應注意小凱的心情，並適時的也給予小凱肯定。曾有一位台大學生在課堂中說：「過去媽媽常會稱讚妹妹家事做得好，地板擦得乾淨，菜煮得好吃。當時我就很不高興，這算什麼優點？成績那麼差還有什麼好講的，為什麼我成績這麼好，媽媽卻很少誇獎我。現在我才知道媽媽真是用心良苦。」像這位媽媽就懂得對成績不好的孩子給予其他方面的肯定。

策略 10-11-4　請父母與輔導諮商專家晤談

　　如果小凱的問題真的造成父母很大的困擾，而且情況一直未能改善，可以請小凱的父母和諮商心理師進行會談，以了解接下來可以如何幫助小凱，或是父母本身要做哪些調適。

問題分析 10-12：個人價值觀與父母師長不同

　　小凱父母一直希望小凱可以像哥哥姊姊一樣考試一百分，可是小凱認為即使多拿幾分也沒什麼差別，表示小凱對自我的期許並不高，沒有適當的成就動機，而小凱與父母師長的價值觀也不盡相同。

策略 10-12-1　從各種活動中了解孩子的價值觀

　　若要從日常生活中讓孩子說出自己的價值觀，這是相當困難的事，因為孩子根本不知道什麼叫作「價值觀」。每個孩子有他獨特的想法與個性，目前強調多元化與科技化的社會環境，容易造成看電視、打電動及上網的科技小子。要讓孩子能深入的認識自我、能懂得經營生活、能熱心的參與社會、能具備保護環境的情操，能擁有正向的價值觀……等，這需要從小陪伴孩子接觸生活中的萬事萬物。當孩子跟著家人進行志工服務時，他會擁有什麼樣的想法？當孩子和家人一起計畫一項旅遊活動，他會擁有什麼樣的人生記憶？當孩子和家人一起欣賞音樂會或美術館，他會體驗到什麼樣的生命意義？孩子在和家人進行各種活動時，會無意中表達出自己的想法，家人要能聽懂孩子的看法和想法，從旁給予協助。

策略 10-12-2　尊重孩子是一個獨立的個體

　　或許父母了解孩子的想法後，會覺得孩子天生是一個懶散的人，不知道積極奮發，不想功成名就，所以會很生氣。但是，每個人都是獨立的個體，只要他擁有自己的專長與興趣，朝著他感興趣的方向去努力時，最終還是會引發他追求自我實現的想法和目標。所以父母要做的事就是發現孩子好的一面，發現孩子的優勢所在，提供

機會擴展孩子的視野，並感受到家人的關愛。

策略 10-12-3　讓孩子體會家人無條件的關愛

我們常會聽到父母生氣的說：「你再不聽話，我就不愛你囉！」孩子往往是想獲得父母的愛而勉強聽話。但是當孩子達不到父母的標準時，他會覺得父母一定不愛他了。當孩子認為家人已經不愛他了，許多事情就會讓他朝著負面的想法去思考，前面也說過，當孩子凡事朝向負面的想法思考時，他的生理上自然會產生某些變化，影響他的學習效果。所以二十一世紀很重要的一件事，就是要培養正向的思維。讓孩子感受到家人的愛，讓他知道，不論他的表現是否達到父母的期望，家人都會永遠愛他。同樣重要的是，要讓孩子對自己建立適切的期望，才能擺脫父母的期望對孩子造成的壓力。

策略 10-12-4　教師透過各種活動讓孩子有表現的機會

和個案小琪的情形一樣，讓孩子有各種表現長處的機會，而非每天看到的都是孩子表現不佳的事情。洪蘭教授說過，我們天天幫孩子補他弱勢的能力，結果越補越差，孩子越來越沒有自信。所以，要讓孩子補強表現不佳的部分，必須先要讓孩子的優勢能力充分發展，建立了自信後，再思考如何讓自己弱的部分予以加強。

問題分析 10-13：父母不知如何幫助孩子

　　小凱的父母工作繁忙，無暇照顧小凱做功課，每次叮嚀小凱要做哪些事，小凱都做不到，父母覺得不知如何才能幫助小凱改善學習上的問題。這時教師應該提供家長相關的輔導方法與策略，讓父母能從教師這裡得到具體的支持與協助。

策略 10-13-1　父母找時間和孩子討論學習的問題

　　我們首先要肯定小凱的父母非常重視孩子的教育工作，每個孩子都給予良好受教育的機會。但是，父母常以自己過去的表現，或以兄姊的優良表現來要求小凱達到這樣的學習標準。在訊息傳遞的過程中，小凱處處感受到壓力，無形中造成小凱厭惡與別人競爭，慢慢形成一種缺乏奮發向上的動力，如此的學習心態讓父母更加無法接受。所以，父母要先覺察這樣的環境對孩子可能造成的影響，並體會孩子並非是一個成熟的個體，要孩子改變是不切實際的做法，唯一能幫助孩子的是父母本身要先做一些改變。並不是說父母不要管教孩子了，而是說父母要先轉變自己的心態，以孩子能了解的方式來關心孩子。舉例來說：孩子拿成績單回來要父母簽名，當他考得很差時，孩子一定預期父母又會大罵一頓。如果父母能轉變處理的方式，請孩子說說看自己的感覺，或說說看這次考試的題目有什麼困難，孩子一定很訝異父母怎麼會有這樣的反應。透過溫馨關懷的氣氛，親子一起討論後發現問題有哪些，再和孩子思考怎麼處理比較好，這樣的處理方式對孩子來說也是一種教育。

策略 10-13-2　配合孩子的想法尋找相關支援

　　當父母與小凱充分討論後，如果小凱的想法和父母的想法相距很遠，父母如何面對這樣的結果呢？這時專家的介入就十分重要，包括進行相關的心理測驗，或經由醫師的檢查，以確定生理方面是否正常。若是生理與心理方面都沒有太大的問題，父母應接受孩子個人的想法與做法，甚至協助孩子追尋屬於自己的一顆星。

我可以
　　學得更好（中年級版）

附錄

全書問題分析、策略、練習一覽表

單元一　語詞學習

問題分析	策略	練習	頁數
1-1 缺乏語詞結構的概念	1-1-1 口頭唸讀	1-1-1 讀讀看	8
	1-1-2 用筆圈語詞		
	1-1-3 判斷是不是語詞		
	1-1-4 增進構詞的能力		
	1-1-5 顛顛倒倒、意思顛倒		
1-2 對語詞的詞性認識不清	1-2-1 詞分類遊戲		14
	1-2-2 玩遊戲「人名＋地方＋動作」		
1-3 僅理解語詞的字面意義	1-3-1 提供文本供學生辨別	1-3-1 誰不是一家人？	16
	1-3-2 增進解讀詞義的能力	1-3-2 填詞遊戲	
1-4 不能恰當使用語詞	1-4-1 辨別近義詞	1-4-1.1 誰最不一樣？ 1-4-1.2 誰最速配？	21
	1-4-2 大量閱讀		
	1-4-3 體會與運用		
1-5 書寫錯字與別字	1-5-1 解釋詞義		26
	1-5-2 分析詞義與用字	1-5-2 超級比一比	
1-6 過度使用傳播媒體的語詞	1-6-1 尊重與包容		28
	1-6-2 腦力激盪		
1-7 誤用成語	1-7-1 每日一語		30
	1-7-2 成語接龍		

單元二　摘要策略

問題分析	策略	練習	頁數
2-1「靜下來」才能摘要	2-1-1 給孩子安靜片刻的時間		36
2-2 逐字閱讀卻未讀到內容	2-2-1 辨認事件順序		37
	2-2-2 辨認因果關係		
	2-2-3 了解上下文中的字彙		
2-3 如何找出重要的句子	2-3-1 刪除重複句	2-3-1 刪除重複句	39
2-4 如何找出重要語詞	2-4-1 分辨重要／不重要語詞	2-4-1 找出重要語詞	42
	2-4-2 替代	2-4-2 語詞替代	
2-5 信心不足	2-5-1 成人口頭示範		47
2-6 如何找出主題句	2-6-1 分辨重要句／不重要句		49
2-7 如何寫出主題句	2-7-1 寫出大意（主題句）		50

單元三　閱讀賞析

問題分析	策略	練習	頁數
3-1 無法了解文章寫作方式（文體、體裁）	3-1-1 辨識記敘文的體裁		58
3-2 無法掌握文章的結構	3-2-1 分析文章的「開頭、經過、結尾」	3-2-1 找出記敘文文章結構的「開頭—經過—結尾」	59
3-3 不清楚文章開頭的方式	3-3-1 練習分析文章的開頭方式	3-3-1.1 分析文章開頭的方式 3-3-1.2 分析文章開頭的方式	61
3-4 無法了解文章段落之間的關係（佈局）	3-4-1 分析文章脈絡佈局的「時、空」關係	3-4-1.1 分析文章脈絡佈局的方式 3-4-1.2 分析文章脈絡佈局的方式	63
	3-4-2 分析演繹法與歸納法的佈局方式	3-4-2 分析文章佈局的邏輯	
	3-4-3 分析文章段落間的因果關係	3-4-3.1 分析文章段落間的因果關係 3-4-3.2 分析文章段落間的呼應關係	
	3-4-4 辨認文章裡上下句間的邏輯關係	3-4-4 分析文章中上下文句的邏輯關係	

（續下頁）

（續上頁）

	3-4-5 教導文章段與段間銜接順暢的技巧：善用連接詞語	3-4-5 分析段與段間的連接語詞	
3-5 無法了解文章的取材與主題的關係	3-5-1 分析內容取材與主題的關聯		72
3-6 無法了解文章修辭的技巧與功能	3-6-1 提供應用譬喻法修辭的例子	3-6-1.1 分析譬喻修辭(一) 3-6-1.2 分析譬喻修辭(二) 3-6-1.3 分析譬喻修辭(三)	74
	3-6-2 提供應用排比法與層遞法修辭的例子	3-6-2.1 分析排比與層遞修辭(一) 3-6-2.2 分析排比與層遞修辭(二) 3-6-2.3 分析排比與層遞修辭(三)	
	3-6-3 提供應用成語、典故或名言佳句來修辭的例子	3-6-3.1 分析成語、典故或名言佳句修辭(一) 3-6-3.2 分析成語、典故或名言佳句修辭(二)	
3-7 只會背誦但不了解詩的意涵	3-7-1 介紹趣味小詩入門，了解詩的主題與特色		82
	3-7-2 欣賞詩的主題與特色		
	3-7-3 分析詩的主題與特色		
3-8 看不懂詩	3-8-1 認知的理解與探討	3-8-1.1 找出詩的特色、意義並回應自己的類似經驗(一) 3-8-1.2 找出詩的特色、意義並回應自己的類似經驗(二)	86

（續下頁）

（續上頁）

3-9 無法聯想或缺乏感受	3-9-1 由生活經驗及詩中生動意象觸發感受力、想像力與創造力	3-9-1.1 垂直聯想練習 3-9-1.2 水平聯想練習	89
	3-9-2 由生活經驗及詩中優美音韻的感知觸發感受力、想像力與創造力	3-9-2 摩寫法練習	
	3-9-3 了解詩的格式	3-9-3 比較唐詩與現代詩	
	3-9-4 了解詩的語言與用字		
	3-9-5 了解譬喻法	3-9-5 譬喻法練習	
	3-9-6 了解擬人法	3-9-6 擬人法練習	
	3-9-7 了解對比法	3-9-7 對比練習	
	3-9-8 了解生動的意涵	3-9-8 生動句練習	

單元四　基礎作文

問題分析	策略	練習	頁數
4-1 從不知如何下筆到害怕寫作	4-1-1 佈置一個良好的寫作環境		102
	4-1-2 從塗鴉到寫作		
	4-1-3 激勵寫作的動機		
	4-1-4 提供一個發表的園地或出版的空間		
4-2 對寫作題材經驗不足	4-2-1「問題引導」策略		107
	4-2-2「觀察」、「體驗」策略	4-2-2.1 視覺觀察及體驗活動 4-2-2.2 聽覺的體驗活動 4-2-2.3 觸覺的體驗活動 4-2-2.4 嗅覺的體驗活動 4-2-2.5 五官感覺的體驗與分析活動 4-2-2.6 綜合五官感覺的體驗及寫作活動	
4-3 躊躇於開頭，遲遲不敢下筆	4-3-1「彈性變通」策略		110

（續下頁）

（續上頁）

4-4 對寫作題材無法產生情感上的共鳴	4-4-1「確立觀點」策略		111
4-5 詞彙貧乏或閱讀書籍太少	4-5-1「多看、多讀」策略		114
4-6 寫作內容不夠深入、描寫不能細膩	4-6-1「小題大作」策略	4-6-1.1 誰是最好的字詞？ 4-6-1.2 誰是最佳動作詞？ 4-6-1.3 誰來加油添醋？ 4-6-1.4 句子鬆緊帶	115
4-7 陳腔濫調、老生常談	4-7-1「推陳出新」、「轉折出奇」策略		118
4-8 貪多誤得、內容龐雜	4-8-1 剪裁得宜，好功夫		120
4-9 纏綿一家、糾結不清	4-9-1 段落分明，好結構	4-9-1 文章的排列組合	121
4-10 輕重不分、偏離主題	4-10-1 扣緊主題，好伸張	4-10-1 替文章治病	123

單元五　進階作文

問題分析	策略	練習	頁數
5-1 落筆前無法在腦中形成基本的文體架構	5-1-1 運用故事結構策略，形成內容結構圖	5-1-1 故事結構表	129
	5-1-2 強調口語敘說能力		
	5-1-3 善用團體互動力量		
5-2 空有架構、內容貧乏	5-2-1 給予「思考學習單」，並示範「放聲思考」	5-2-1 思考學習單	133
	5-2-2 使用「互評」策略，修正別人文章的缺失		
	5-2-3 暫停策略		
5-3 思考固著，無法做多元的延伸	5-3-1 故事背後意涵的討論	5-3-1 童話故事提問表	137
	5-3-2 互相刁難、促進思考	5-3-2 故事提問範例	
5-4 基礎薄弱，遇到新的刺激就無法可循	5-4-1 強化文章形塑的三元素		140
	5-4-2 熟悉結構中的各項元素	5-4-2 內容結構表	

（續下頁）

（續上頁）

	5-4-3 複習句子的基本組織：「名詞」、「形容詞」及「動詞」	5-4-3 詞類分類表	
5-5 以自我為中心	5-5-1 避免贅言，可善用連接詞		144
5-6 僅能對事物做具體及表象的描述	5-6-1 強化內在情感的表達		145
	5-6-2 你問我答，互相幫忙		
	5-6-3 集結優良作品並加以公布	5-6-3 佳句整理分析表	

單元六　整數概念與計算

問題分析	策略	練習	頁數
6-1 借錯位問題	6-1-1 理解大數值位值關係	6-1-1 大數值的分解與合成	158
	6-1-2 練習被減數不含 0 的大數值減法直式算則運算	6-1-2 被減數不含 0 的大數值減法直式算則運算練習	
	6-1-3 練習被減數只含一個 0 的大數值減法直式算則運算	6-1-3 被減數只含一個 0 的大數值減法直式算則運算練習	
	6-1-4 練習被減數含有連續兩個 0 的大數值減法直式算則運算	6-1-4.1 被減數含有連續兩個 0 的大數值減法直式算則運算──判斷與估算練習 6-1-4.2 被減數含有連續兩個 0 的大數值減法直式算則運算──計算練習	
6-2 改寫橫式算則為直式算則的問題	6-2-1 說明書寫乘法直式算則的原則		165
	6-2-2 熟悉乘法直式算則及練習改寫乘法橫式算則為直式算則	6-2-2 乘法直式算則判斷及改寫乘法橫式算則為直式算則練習	
	6-2-3 說明書寫除法直式算則的原則		

（續下頁）

（續上頁）

	6-2-4 熟悉除法直式算則及練習改寫除法橫式算則為直式算則	6-2-4 除法直式算則判斷及改寫除法橫式算則為直式算則練習	
6-3 乘法直式算則中運算結果書寫問題	6-3-1 說明乘法直式算則中運算結果的書寫原則	6-3-1 乘法直式算則中運算結果書寫練習	171
	6-3-2 練習一位數到四位數乘以一位數的直式算則	6-3-2 一位數到四位數乘以一位數乘數的直式算則練習	
	6-3-3 練習一位數乘以二位數的直式算則	6-3-3 一位數乘以二位數的直式算則練習	
	6-3-4 練習二位數（以上）乘以二位數（以上）的直式算則	6-3-4 二位數（以上）乘以二位數（以上）的直式算則練習	
6-4 除法直式運算問題	6-4-1 練習相同位數的除法直式運算	6-4-1 相同位數的除法直式運算練習	178
	6-4-2 練習不同位數的除法直式運算	6-4-2 不同位數的除法直式計算練習	

單元七　整數文字題

問題分析	策略	練習	頁數
7-1 無法將題目和日常生活經驗產生連結	7-1-1 用自己的話說出題目的意思	7-1-1 用自己的話說出題目的意思	186
	7-1-2 實際動手操作	7-1-2.1 實際動手操作：簡單同類的題目 7-1-2.2 實際動手操作：延伸到不同類型的題目	
	7-1-3 在真實情境練習理解題意	7-1-3 在真實情境練習理解題意	
	7-1-4 辨別可能的答案	7-1-4 辨別可能的答案	
	7-1-5 繪圖法	7-1-5 繪圖法練習題	
7-2 不了解題目需要多步驟的運算	7-2-1 覺察多步驟的數學運算題	7-2-1 覺察多步驟的數學運算題	196
	7-2-2 熟練計算多步驟的題目	7-2-2 熟練計算多步驟的題目	
7-3 用目前正在學習的計算方式解所有的題目	7-3-1 找出題目的重點	7-3-1.1 劃出題目的重點 7-3-1.2 劃出重點後說出題目的意思	200
	7-3-2 讓學生兩兩互相提問重點	7-3-2 讓學生兩兩互相提問重點	

（續下頁）

（續上頁）

	7-3-3 發現解題需要用到各種運算策略	7-3-3.1 發現不同的運算策略 7-3-3.2 為每個重點找出適合的運算法	
	7-3-4 提供不同運算策略的練習題	7-3-4 提供不同運算策略的練習題	
7-4 缺乏數學學習動機、產生數學考試焦慮	請參閱本冊單元十	請參閱本冊單元十	208
7-5 只接收到老師片段的引導			209
7-6 無法同時掌握題目的各項訊息	7-6-1 提升學生的觀察力	7-6-1.1 遊戲活動：觀察周遭生活中的事物 7-6-1.2 遊戲活動：大家來找碴	213
	7-6-2 他人回饋（合作學習）	7-6-2 他人回饋——比較自己和他人的觀察結果	
	7-6-3 發現題目中每個重點之間的關係	7-6-3 發現題目中每個重點之間的關係	
7-7 害怕困難的題目、容易在多層思考的過程中出錯	7-7-1 接觸促進認知發展的遊戲活動	7-7-1.1 遊戲活動：分類遊戲 7-7-1.2 遊戲活動：推理遊戲	219
	7-7-2 認知引導策略	7-7-2 認知引導策略的練習	

（續下頁）

（續上頁）

	7-7-3 讓學生練習擬題	7-7-3.1 練習自己換數字、自己作答 7-7-3.2 練習自己換情境、自己作答	
7-8 空間關係欠佳、無法將題目的意思與空間圖產生連結	7-8-1 透過完成任務認識空間位置	7-8-1 遊戲活動：尋寶遊戲	226
	7-8-2 畫出家或學校附近的位置圖		
	7-8-3 熟悉數學空間圖	7-8-3.1 找出空間圖中的各點位置 7-8-3.2 畫出路線圖 7-8-3.3 找出點與點之間的距離	

單元八　分數數概念與加減計算

問題分析	策略	練習	頁數
8-1 分數基本概念的問題：真分數範圍	8-1-1 強調單位詞	8-1-1 單位很重要	237
	8-1-2 增加操作與指認的經驗——部分與整體	8-1-2 這是多少張？	
	8-1-3 增加操作與指認的經驗——子集合與總集合	8-1-3 這是多少盒？	
	8-1-4 以正反例提供區辨	8-1-4 哪個才可以是分數？	
	8-1-5 增加分數的聽說讀寫	8-1-5 分數的聽說讀寫	
	8-1-6 強化分數的分解與合成	8-1-6 分分合合	
	8-1-7 增加同分子的分數大小比較	8-1-7 分數的大小比較	
	8-1-8 建立參考點	8-1-8 和 $\frac{1}{2}$ 很接近嗎？	
	8-1-9 日常生活中多使用分數語詞	8-1-9 生活中哪裡用得到分數？	
8-2 不了解假分數與帶分數	8-2-1 釐清大單位與全部		252

（續下頁）

（續上頁）

	8-2-2 從單位分數的累數認識分數		
	8-2-3 發現 $\frac{m}{m}=1$、$\frac{2m}{m}=2$、$\frac{3m}{m}=3$……的規律		
	8-2-4 先呈現完整的單位 1 來認識帶分數		
	8-2-5 從部分量估計單位 1	8-2-5 1 到底有多長？	
	8-2-6 提供單純的單位量	8-2-6 單純的單位量	
	8-2-7 根據分數算式擬出應用題	8-2-7 擬題活動	
	8-2-8 在生活中使用分數語詞		
8-3 不了解分數和整數除法的關係	8-3-1 從平分的情境開始	8-3-1 平分的結果	262
	8-3-2 提供適合切割的情境	8-3-2 有哪些適當的情境？	
	8-3-3 把題意畫出來	8-3-3 兩種等分的畫法	
8-4 分母加（減）分母、分子加（減）分子	8-4-1 加強分數的合成與分解	8-4-1 分數的分解合成	268
	8-4-2 不計算，只做估計	8-4-2 估計結果大概多少？	

單元九　小數數概念與加減計算

問題分析	策略	練習	頁數
9-1 小數的數概念	9-1-1 利用遊戲熟悉小數大小比較	9-1-1 數線和小數的大小比較	276
	9-1-2 搭配十進的度量衡	9-1-2 度量衡單位的換算	
	9-1-3 利用計算機學習位值概念		
9-2 小數與整數、分數的關係	9-2-1 適當安排具體物順序以認識等值小數		281
	9-2-2 以分解合成連結小數與分數	9-2-2 換一種說法	
	9-2-3 從等值分數連結小數與分數	9-2-3 再等分每一等份	
	9-2-4 利用遊戲連結小數與分數	9-2-4 數字組合遊戲	
9-3 小數與整數除法的關係	9-3-1 利用計算機和列表認識整數除整數、商為小數的規律性	9-3-1 除法的規律性	289
9-4 小數加減的運算問題	9-4-1 搭配情境的合理性判斷	9-4-1 這樣算，有道理嗎？	292
	9-4-2 利用高位數進行估計	9-4-2 結果大約多少？	

單元十　學習行為適應與輔導

問題分析	策略	練習	頁數
10-1 失敗經驗造成自我效能低落	10-1-1 幫助發現自己的多元智能		306
	10-1-2 面對自己優勢與弱勢的能力		
	10-1-3 創造具體的成功經驗		
	10-1-4 建立正向的自我評估		
10-2 長期的挫折造成退縮的行為	10-2-1 降低可能造成挫折感的活動		309
	10-2-2 透過各種遊戲活動或故事培養挫折容忍力	10-2-2 面對失敗應有的態度	
	10-2-3 從遊戲中建立挑戰困難的動機與態度		
10-3 成敗歸因於能力而放棄學習	10-3-1 從實例中發現努力和成敗間的關係		314
	10-3-2 透過故事發現能力與努力對問題解決的影響	10-3-2 能力與努力對成敗的影響	

（續下頁）

（續上頁）

	10-3-3 從體驗活動中省思努力和成敗間的關係	10-3-3 努力和成敗的關係	
10-4 先入為主觀念形成自我應驗預言	10-4-1 與學生討論自我應驗預言的效應	10-4-1 認識自我應驗預言	317
	10-4-2 練習正向的自我應驗預言	10-4-2.1 自我應驗預言的破除 10-4-2.2 正向的自我應驗預言	
	10-4-3 運用活動化解孩子先入為主的想法	10-4-3 先入為主想法的影響	
10-5 逃避失敗以免同學嘲笑譏諷	10-5-1 運用合作學習賦予小組互相學習的任務		323
10-6 人際互動欠佳影響班級氣氛	10-6-1 進行體驗活動培養同學團隊合作的精神	10-6-1.1 環環相扣 10-6-1.2 孤島不孤	324
	10-6-2 經由實踐活動養成主動關懷他人的情操		
10-7 單親家庭，社會資源不足	10-7-1 利用學校資源班或是課後輔導班的協助		331
	10-7-2 運用大學服務性社團協助課業的學習		
	10-7-3 透過學校義工或社區資源參與各項活動		

（續下頁）

（續上頁）

10-8 與父母期望有落差導致學習興趣低落	10-8-1 協助家長建立對孩子期望的正確觀念	10-8-1 家長建立對孩子期望的正確觀念	336
	10-8-2 父母學習與子女說話的技巧	10-8-2 父母檢視自己與子女說話的方式是否需要改進？	
	10-8-3 積極鼓勵取代消極責罵和懲罰	10-8-3 積極鼓勵孩子的優點	
	10-8-4 運用負增強原理增強良好的學習行為	10-8-4 運用負增強原理增強良好的學習行為	
	10-8-5 以自我比較方式取代與他人比較	10-8-5 引導學生進行自我比較	
10-9 自動化技能不足造成認知負荷大	10-9-1 以分散練習的方式加強學習動機		345
	10-9-2 運用各類方法或活動協助熟練基本技能		
10-10 作業安排及處理方式未達預期輔導效果	10-10-1 教師要能發現作業安排的目的與優缺點	10-10-1 找出作業安排的目的及評估成效	347
	10-10-2 讓孩子了解老師要求的目的		

（續下頁）

（續上頁）

	10-10-3 讓孩子參與決定練習或處理的方式		
10-11 父母師長不知小凱的心理困擾	10-11-1 講述與討論故事情節以了解孩子的想法		351
	10-11-2 與孩子分享成人的心理困擾	10-11-2 與孩子分享心情	
	10-11-3 父母留意子女間的言語互動情形		
	10-11-4 請父母與輔導諮商專家晤談		
10-12 個人價值觀與父母師長不同	10-12-1 從各種活動中了解孩子的價值觀		354
	10-12-2 尊重孩子是一個獨立的個體		
	10-12-3 讓孩子體會家人無條件的關愛		
	10-12-4 教師透過各種活動讓孩子有表現的機會		
10-13 父母不知如何幫助孩子	10-13-1 父母找時間和孩子討論學習的問題		356
	10-13-2 配合孩子的想法尋找相關支援		

索　引

我可以
學得更好（中年級版）

國家圖書館出版品預行編目（CIP）資料

我可以學得更好：學習診斷與輔導手冊【中年級版】
／台灣心理學會 教育心理學組合著.
--初版.-- 臺北市：心理，2005（民 94）
面；　公分.--（教育現場系列；41106）
含參考書目及索引
ISBN 978-957-702-835-8（平裝）

1.輔導（教育）　　2. 學習心理學

527.44　　　　　　　　　　　　　　94018355

教育現場系列 41106

我可以學得更好：學習診斷與輔導手冊
【中年級版】

作　　者：台灣心理學會 教育心理學組
執行編輯：陳文玲
總 編 輯：林敬堯
發 行 人：洪有義
出 版 者：心理出版社股份有限公司
地　　址：231026 新北市新店區光明街 288 號 7 樓
電　　話：(02) 29150566
傳　　真：(02) 29152928
郵撥帳號：19293172　心理出版社股份有限公司
網　　址：https://www.psy.com.tw
電子信箱：psychoco@ms15.hinet.net
排 版 者：臻圓打字印刷有限公司
印 刷 者：翔盛印刷有限公司
初版一刷：2005 年 10 月
初版四刷：2021 年 1 月
I S B N：978-957-702-835-8
定　　價：新台幣 400 元